RESUELVE EL
CONFLICTO
A LA MANERA
DE DIOS

Las Destrezas Que Necesitas Para Hacer Las Paces

DR. BILL GRAYBILL

Primera edición en inglés impresa 2012 USA

Publicada por:
Peace Mentors
34510 Mtn. View Pl NE
Albany, OR 97322
541-791-6544

Los nombres e información han sido cambiados para proteger al inocente y
culpable. Algunas ilustraciones son verídicas, mientras que otras son ficticias
basadas en circunstancias reales.

Este ejemplar está diseñado para proveer información exacta y autoritativa
en cuanto al tema tratados. Se vende con el conocimiento que el publicador u
autor no están dando consejo legal u otro servicio profesional. Si se requiere
consejo legal u otro servicio de peritos, se debe buscar los servicios de una
persona competente con licencia profesional.

ISBN: 978-0-9844195-4-8

Impreso en los Estados Unidos de América

El editor: Claudia Yenisey Rivas Ochoa

Mi más profundo agradecimiento a...

Mi esposa, Dorothy, quien has creído en mí por treintaiocho años. Gracias por animarme a hacer lo que sentí que Dios me estaba llamando a hacer, aunque fue a gran costo o riesgo.

Mis hijos y sus esposas, Dan y April, Mark y Emily, quienes me aman y me hacen sentir apreciado y valorado. ¡Gocen sus hijos tanto como su madre y yo los gozamos a ustedes!

Mi equipo de ancianos, Steve, Chris, Ray (quien ya falleció), Agnes, Jason y CHeris, quienes han caminado conmigo por el fuego mientras aprendí de primera mano cómo resolver redentoramente el conflicto. Cuya confianza y amistad es inconmensurable.

Abundant Life Center (Centro de Vida Abundante), que me ha permitido criar a mi familia, aprender de mis errores, enseñar a través del mundo y disfrutar la jornada juntos por treinta un años y contando. Me siento honrado de llamarlos amigos.

Gracias a mi traductora hermana Eva Olivas. Ella ha trabajado con muchas gracias y con mucha diligencia. Ella ha querido dar este libro a los hispanos con el amor que la dirigía todo el tiempo de la traducción.

CONTENIDO

INTRODUCCIÓN

A l terminar la reunión, todos salieron callados hacia la noche oscura de enero. Yo sabía que estaba en una situación difícil. Durante las dos horas previas había dirigido una junta directiva que trajo como resultado que en el siguiente mes más de la mitad de la gente dejara la iglesia donde soy pastor. Estaba por empezar un viaje que cambiaría profundamente la manera en que manejo el conflicto.

Durante casi un año había estado trabajando con un colega a quien llamaré Jerry, para hacerlo parte de mi mesa directiva como pastor asociado. La responsabilidad principal de Jerry era la de supervisar nuestro ministerio de grupos pequeños, y rápidamente estableció lazos fuertes con todos los líderes de esos grupos.

Al cabo de cuatro o cinco meses me di cuenta de que varias áreas de la vida de Jerry necesitaban evolucionar más antes de poder contratarlo de tiempo completo. Así que mientras yo intentaba detener un poco el proceso, Jerry se empezó a impacientar por lo despacio que iban las cosas. La impaciencia estaba causando que Jerry tomara decisiones que dividieron a la gente y provocó que dentro de la congregación se generaran dudas acerca de mis propias habilidades de liderazgo.

Durante diciembre, Jerry se acercó a los ancianos, donde me acusó de abusar de mi posición de autoridad y de causar que la gente de la iglesia fuese dañada emocionalmente y se enojara. Explicó que mi liderazgo era defectuoso y los dejó con la impresión de que yo debería ser despedido de mi puesto como pastor. Los ancianos le pidieron a Jerry los nombres de las personas que decía que yo había ofendido, y se comenzó una investigación para encontrar la verdad. Los ancianos hablaron directamente con cada persona que Jerry había anotado en esa lista y descubrieron que las acusaciones que Jerry hizo no tenían fundamento, o que habían sido exageradas considerablemente. Pero lo que los ancianos descubrieron fue que Jerry estaba sembrando desconfianza en las personas acerca de cómo me sentía con ellos. Le habían hecho creer a la congregación que no me preocupaba por ellos ni por sus necesidades.

Para abordar esta situación inadmisible convoqué a una junta a los ancianos, al anterior pastor de Jerry, y a Dave, mi mentor. Los ancianos y yo enfrentamos a Jerry con los hechos. Todos estábamos de acuerdo en que las acusaciones no se basaban en lo que los ancianos habían descubierto durante la investigación. También lo confrontamos con respecto a la desconfianza que él mismo estaba sembrando entre los miembros de la congregación.

Jerry se rehusó a cambiar de postura y sostuvo que era inocente. Durante esa junta, el anterior pastor de Jerry le dijo que si le hubiese hecho lo mismo en su iglesia, él personalmente le hubiera pedido a Jerry que se marchara. Al final, se necesitaba tomar una decisión, y yo tenía que hacerlo. Con Jerry negándose a de dejar su posición de liderazgo y a cambiar sus acciones, la única decisión posible que yo veía era la de pedirle que dejara la iglesia. Así fue como empezó mi pesadilla.

Durante los dos años siguientes, experimenté tanto la ruina personal como la de la iglesia, y descubrí una nueva manera de manejar los conflictos: un método dirigido a salvar a la gente y a sanar sus relaciones rotas. Pero este viaje me llevó a sufrir depresión, enojo, a cuestionar a Dios y a todos los involucrados. La culpabilidad, la vergüenza y la falta de confianza llegaron a ser habituales para mí en poco tiempo. Nuestros servicios dominicales se sentían como un funeral. Nadie cantaba porque el auditorio parecía estar muy vacío.

Varios meses después comenzó el proceso sanación. Empezaron a llegar nuevas personas los domingos. Algunos de los que se habían ido comenzaron a regresar. La vida estaba regresando. Como iglesia tratamos de actuar con integridad en cuanto a la manera de reaccionar hacia Jerry y hacia los que estuvieron de su lado. Un año después, el Señor nos llevó a dirigir un culto de arrepentimiento. Nuestro problema no eran las palabras que dijimos, sino las palabras que habíamos escuchado. La Biblia nos advierte no escuchar "la infamia". Durante ese año, la gente dentro de la iglesia habló y escuchó también a los que se habían ido. Mientras escucharon lo malo y las infamias algo entró en su espíritu y dañó tanto su salud espiritual, como la salud de la iglesia. En enero del 2001, como iglesia, tuvimos un tiempo de ayuno y oración. Después de eso hicimos otro culto de arrepentimiento. Ese culto fue el punto clave para nuestra sanación, tanto personal como de la iglesia.

Mi viaje hacia el estudio formal del manejo y la resolución de conflictos comenzó a mediados de los años 90, cuando regresé a la universidad. En mayo del año 2000 me gradué del doctorado y salí con mi diploma en mano. Los dos años previos los invertí en la investigación y en la escritura de mi tesis sobre cómo manejar conflictos dentro de la iglesia. Para ese momento ya se me consideraba un experto en el tema y yo realmente ya había pasado cientos de horas estudiándolo. Junto con el pergamino, mi estudio se convirtió en un programa para grupos pequeños diseñado para resolver conflictos usando principios bíblicos.

Mi motivación para trabajar con los conflictos nació de observar el daño que las heridas no resueltas y las relaciones quebrantadas causan en el cuerpo de Cristo. Sé de muchos pastores que están cerrados emocionalmente con la gente a la que sirven, de esposas de pastores que son cínicas y que están profundamente heridas espiritualmente, y de cristianos que nunca se paran en la puerta de una iglesia a causa las heridas provocadas por un conflicto con la iglesia. Entonces me pregunto ¿qué tan llenas estarían nuestras iglesias si los heridos sanaran y comenzaran a asistir otra vez? Mientras que algunas personas obtienen resultados positivos al entrar en conflicto, la mayoría experimenta daño en sus relaciones, tristeza y pérdida de confianza.

Cuando comencé a evaluar los daños catastróficos de aquella noche, sentí que Dios me guiaba hacia un viaje que cambiaría para siempre mi manera de mirar el conflicto. Él estaba tomando mi sólida formación académica para crear una estructura que resultaría práctica. Él diseñó esta nueva perspectiva para que fuera de una naturaleza protectora y de salvación para con quienes trabajo. Él aumentó mi marco de referencia para reconocer nuevas metas en el manejo del conflicto junto con nuevas estrategias para poder alcanzarlas. Pasé de lo que yo llamo el "Manejo defensivo del conflicto" a "La solución redentora del conflicto".

Mientras escribo estas palabras ha pasado ya una década. Hemos sanado como iglesia, hemos restaurado, en lo posible, las relaciones y vamos hacia adelante. No sería del todo sincero si dijera que el escozor ha cedido completamente. Algunas cuantas personas aún vagan y siguen sin establecerse en una sola iglesia por el dolor y la desilusión que experimentaron durante aquel año. Me afecta que algunas consecuencias no puedan resolverse.

Me entristece saber que mi estilo defensivo en el manejo del conflicto causó dolor a un gran grupo de personas a quienes amaba. Pero me regocijo al saber que de esta devastación ha resultado un nuevo entendimiento de cómo actuar de manera redentora en situaciones conflictivas.

Hoy en día, soy un apasionado agente del cambio cuando se trata de derrotar la destrucción que visita a muchas iglesias a causa de conflictos. Desde aquella tarde en que me gradué, en mayo del año 2000, he viajado a través de los Estados Unidos y el mundo. Desde Letonia, al norte, hasta la Ciudad del Cabo en África del Sur, enseñando a los seguidores de Cristo a resolver conflictos empleando principios bíblicos.

Mi oración para ti como lector es que encuentres una nueva manera de manejar el conflicto que enfrentes. Llegarás a ser diestro en redimir a la gente y sanar situaciones, mientras resuelves asuntos que provocan división y relaciones quebrantadas.

1 DESCIFRANDO
EL CONFLICTO

"No te dejes vencer por el mal, sino vence al mal con el bien".
~ Romanos 12:17

E l conflicto no es un extraño en nuestra casa. Imagina: cuatro mil metros de pasto, dos adolescentes que se fueron a la cama el viernes por la noche pensando que podrían dormir hasta el mediodía. Añade a esto un papá que tiene en mente la idea de que el pasto debe estar cortado antes del mediodía para que se pueda hacer algo divertido en familia. Esta combinación ha creado una receta para que cada sábado se forme la tormenta perfecta.

El conflict o es una diferencia de opinión o de propósito, que frustra los objetivos o los deseos de alguien. El conflicto ocurre cuando tus deseos no están de acuerdo con los deseos de otra persona. Esta definición es el núcleo del conflicto: No obtienes lo que quieres.

El Dr. Henry Klopp, consultor del manejo de la iglesia, comentó: "El conflicto es visto como una lucha de poderes sobre recursos escasos o limitados". Aunque los pastores y las congregaciones prefieren ignorar lo obvio, esta lucha por los recursos limitados es el meollo de muchos de los conflictos dentro de la iglesia.

En 2009, impartí un curso sobre el manejo de conflictos en el Seminario Teológico en la Ciudad del Cabo, Sudáfrica. Un día, al terminar las clases, una de mis estudiantes me contó sobre la lucha de poder que destruyó a su marido y les trajo un gran dolor a las personas en su iglesia.

Por más de veinte años, un grupo de ancianos habían liderado la iglesia a la que ella asistía. Habían adoptado el concepto de trabajar como equipo. Debido a esto, no había un pastor principal. La predicación y deberes pastorales estaban divididos entre los ancianos. La congregación anhelaba tener un líder para establecer una visión clara y para conducir con firmeza a la gente. Después de mucha oración y debates, la junta de ancianos respondió a los quejas de la congregación. Los ancianos eligieron y ordenaron a un hombre que había crecido en la iglesia. Tenía credenciales de peso en el conocimiento bíblico, aunque era joven y sin experiencia. La gente estaba contenta, y por encima, todo parecía estar en bien.

Mientras la gente disfrutaba de esta nueva relación con el pastor, un conflicto se estaba gestando tras bambalinas. La junta de ancianos no estaba preparada para renunciar al poder que había acumulado a través los años. Ellos habían ejercido el poder durante tanto tiempo que no podían imaginar que la iglesia funcionara sin su sabiduría y sus decisiones. Los ancianos impidieron el esfuerzo del pastor por establecer una nueva visión. Ellos buscaron la manera de frustrar los intentos del pastor para dirigir la congregación. Los ancianos trataron a su candidato elegido como a un niño que simplemente necesitaba seguir sus instrucciones.

Al principio, los ancianos mantuvieron sus diferencias dentro de las reuniones del consejo o en la oficina del pastor. Sin embargo, con el tiempo se volvieron más atrevidos y audaces; tanto, que desafiaron abiertamente al pastor, en público. Se negaron rotundamente a someterse a su liderazgo. Lo que los ancianos querían y lo que la congregación buscaba no era lo mismo. Mientras que la congregación deseaba un verdadero pastor para dirigir y establecer una visión, los ancianos sólo querían a alguien que predicara y se ocupara de las visitas a los hogares.

La lucha por el poder continuó. La junta de ancianos protegió vigorosamente su territorio por todos los medios necesarios. Cambiaron sus expectativas sin consultar o informarle al pastor. Las reuniones se convirtieron en un lugar para encontrar defectos y hacer acusaciones sobre haber tomado decisiones incorrectas, y de que se tenía un liderazgo ineficaz. Al mismo tiempo, el pastor peleaba en una batalla cuesta arriba, tratando de ganar suficiente autoridad para mostrar una dirección clara para el futuro. Buscó el apoyo de los líderes influyentes de la congregación. Se reunió con estas personas, les explicó su visión, y les pidió apoyo. Los ancianos fueron detrás de él y sabotearon sus esfuerzos a través de reuniones con los mismos líderes.

Después de tres meses, la junta de ancianos despidió al pastor y retomaron el control completo de la congregación. Esta lucha por el poder causó efectos devastadores en la iglesia. Rompió el espíritu de la congregación y del personal al mando, causando una falta de motivación entre los voluntarios y las personas en general. El nivel de hostilidad aumentó en todas las áreas de la iglesia, incluyendo la junta de ancianos. La iglesia perdió miembros valiosos mientras que algunos grupos de personas se salieron para unirse a otras congregaciones. Mi alumna y su esposo quedaron devastados. Hoy en día siguen siendo seguidores de Cristo, pero él no está interesado en el ministerio, y lucha contra la idea de regresar a la iglesia. Ella trabaja en una escuela bíblica, pero lleva consigo el dolor de las promesas incumplidas y del uso abusivo de la autoridad.

La lucha por el poder, sobre todo durante la transición o el cambio, tiene el potencial de ser destructiva desde muchos frentes, afectando directamente tanto a los involucrados como a los que están al margen, de quienes nunca llegaremos a saber nada. El daño se anida profundamente cuando la lucha de poder se degenera y se convierte en la difamación de las personas. En muchos casos, dentro de la comunidad de una iglesia, la devastación dura décadas, teniendo un impacto negativo en las vidas de los individuos que están dentro de la congregación.

El Conflicto Religioso

El conflicto que gira en torno a Dios y a la religión es el conflicto más difícil de manejar. Esto ha quedado muy claro en los últimos años, cuando vemos que la lucha mundial contra el terrorismo se basa en una interpretación religiosa extrema de los escritos teológicos.

Así como en el mundo hay conflictos, también lo hay en muchas iglesias. El conflicto en la iglesia parece diferente y menos drástico en cuanto a su devastación hacia el exterior, pero en todo caso, la devastación sigue siendo la consecuencia en las vidas de aquellos que se encuentran del lado de los que pierden.

Mientras que el terrorismo mundial y el conflicto en la iglesia parecen ser tan diferentes como la noche y el día, tienen dos componentes principales en común. El primero es el problema medular: alguien no está consiguiendo lo que desea. Ya sea una forma de gobierno basada en un sistema religioso o el color de la alfombra en la biblioteca de la iglesia, los deseos de alguien están siendo frustrados. El segundo componente en común es de índole religioso. Se añade a Dios a esta mezcla cuando los adversarios afirman que Dios y su voluntad son su motivación. Dentro de los círculos de la iglesia, la frase, "Dios me dijo " o "Dios me mostró " son términos que demandan la autoridad divina para respaldar la posición de uno.

Creo que Dios tiene interés por cosas más importantes que el cómo están colocadas las sillas, si las cortinas se dejan abiertas o cerradas o de qué color debe ser la alfombra. Realmente no creo que a Dios le importe si en el comedor servimos crema batida artificial o crema batida real. La frase "Dios dijo…" ha respaldado muchos reclamos y aseveraciones que son virtualmente opuestos.

El Apóstol Pablo dijo que es responsabilidad de todos el vivir en paz los unos con los otros (Romanos 12:18). La paz es a menudo más importante para Dios que nuestros propios deseos; por lo tanto, dejemos de usar a Dios para validar nuestras preferencias u opiniones personales. Cuando sientas que tienes una instrucción específica de Dios, tal vez se deberían utilizar términos como "Siento que Dios estaría complacido si…, sin embargo, puedo que yo esté equivocado" o "En mi espíritu siento que…". Tal respuesta permite a otros no estar de acuerdo con la idea sin estar en contra de Dios. Esto daría mejores resultados para disminuir los conflictos dentro de la iglesia.

Fuentes de Conflicto

La Sagrada Escritura identifica la principal fuente de conflicto como la "naturaleza pecaminosa" de la humanidad o en la La Biblia del rey Jacobo, como la "carne". Hay seis causas principales de los conflictos que podemos identificar usando la Biblia. Santiago, el hermano de Jesús, le dio una gran comprensión a cuatro de estas causas. Este pasaje identifica las tres primeras:

> *¿Qué causa las guerras y los pleitos entre ustedes? ¿Acaso no vienen de las pasiones, que luchan dentro de ustedes mismos? Ustedes desean algo, y no lo obtienen. Matan y sienten envidia, pero no pueden tener lo que quieren. Pelean y luchan. No obtienen nada, porque no se lo piden a Dios. Cuando piden algo, no lo reciben porque lo piden por los motivos equivocados, porque es posible que gasten lo obtenido en sus propios placeres. (Santiago 4:1-3)*

Deseo de placer. La palabra deseo es sinónimo de lujuria, placer y pasión. Significa que se ansía placer o se codicia la auto gratificación. Cuando te encuentres envuelto en una pelea con otro, detente y pregúntate, ¿qué deseo personal estoy tratando de proteger o ganar? Santiago no dio ejemplos específicos de esos deseos, pero lo que dijo puede referirse a muchos y diferentes tipos de deseos. Con treinta y cinco años de experiencia pastoral, he llegado a definir estos deseos de la siguiente manera: la inflexibilidad sobre asuntos o el deseo de salirte con la tuya; maniobrar para lograr una posición de autoridad, lo que es un deseo de lograr un estatus y la admiración dentro de la comunidad; criticar a otros, lo cual es un deseo de hacerte quedar bien.

Este deseo de placer visto como la raíz del conflicto puede

aplicarse también a las relaciones interpersonales. En el matrimonio puede darse mediante un constante intercambio de palabras hirientes (por el deseo de dominar) o por medio de infidelidad sexual (el deseo de buscar placer de manera egoísta o simplemente el deseo sexual por otra persona). Todos estos conflictos ocurren en las iglesias y en los matrimonios cristianos. Y tal como Santiago le recordó a sus lectores, las raíces de placer se encuentran en la naturaleza pecaminosa de la humanidad.

La desconfianza en Dios. Esta causa de conflicto es algo como esto: Yo quiero tener "x cosa", pero dudo que Dios me lo dé. Pero, como realmente lo quiero, tengo que hacer todo lo que esté en mis manos para conseguirlo. Por lo tanto, voy a pasar por alto a Dios y a manipular la situación para que pueda obtener lo que quiero.

La respuesta a este conflicto debe ser confiar en Dios para que te bendiga con las cosas que quieres. Si no te es provisto en la forma esperada, tal vez estés perdiendo de vista que habrá una mejor provisión de Dios. Encontramos la garantía de la prudente provisión de Dios en el libro de Isaías.

"Porque mis pensamientos no son los pensamientos de ustedes, ni son sus caminos mis caminos," declara el SEÑOR. "Porque como los cielos son más altos que la tierra, así son mis caminos más altos que sus caminos, y mis pensamientos más altos que sus pensamientos." (Isaías 55:8-9 NBLH).

Motivación equivocada. Santiago, en el versículo tres, mencionado arriba, escribió que el conflicto es un asunto del corazón. Cuando haya conflicto significa que tus motivos podrían estar siendo enfocados hacia las personas equivocadas.

La palabra inglesa pleasures (placeres) se traduce de igual manera que la palabra griega que significa "deseos" en el versículo 1. El impulso de la auto-gratificación forma tus motivos. Examina tu verdadera motivación: ¿Qué encuentras? ¿Lo que deseas es para ayudar a los demás o para autosatisfacerte?

Juzgando a otros. Santiago dio una cuarta causa del conflicto, unos versículos más adelante, cuando escribió:

> Hermanos, no hablen mal los unos de los otros. El que habla mal de un hermano o juzga a su hermano, habla mal de la ley y la juzga. Pero si la juzgas, no eres cumplidor de la ley, sino juez de ella. Sólo hay un Legislador y Juez, que es poderoso para salvar y destruir. Pero tú, ¿quién eres para juzgar a tu prójimo?
> (Santiago 4:11-12)

La cuestión clave en este pasaje es que la calumnia es una forma de juzgar. Santiago constantemente regresó al tema de no juzgar a tu hermano a lo largo de su carta. Sólo Dios es el juez. Él es quien conoce los corazones y los motivos. La crítica o la calumnia se convierten en el vehículo para expresar tu juicio sobre un hermano. Santiago se dirigió a aquellos que podrían haber sido tentados a convertirse en los inspectores personales de los creyentes que pertenecen a Dios. Se podría pensar que una actitud de crítica o algunas palabras de desaprobación bien colocadas no son un problema tan grande. Santiago lo vio como un pecado de proporciones graves porque quebranta la ley del amor y trata de usurpar la autoridad de Dios, siendo esto lo que provoca que surja el conflicto.

Las Actitudes Negativas. El Apóstol Pablo, en su carta a los

Efesios, dio una orientación clara acerca de las actitudes:

Sea quitada de ustedes toda amargura, enojo, ira, gritos insultos, así como toda malicia. Sean más bien amables unos con otros, misericordiosos, perdonándose unos a otros, como también Dios los perdonó en Cristo. (Efesios 4:31-32 NBLH)

Se puede agrupar esta lista de nueve comportamientos en dos actitudes básicas: negativas y positivas. ¿Cuál se demuestra con mayor frecuencia en tu vida? ¿Te enojas fácilmente y te molestas con los demás? O, ¿eres compasivo, rápido para entender, y otorgas el perdón cuando es necesario?

Una actitud negativa o mala abre el camino para que se hieran los sentimientos y, así mismo, para el conflicto. Había una vez una señora en nuestra iglesia que siempre tenía una mala actitud. Parecía que ella podía predecir que iba a ser ofendida, y cuando le sucedía, provocaba problemas. Desde su perspectiva, las cosas siempre eran culpa de alguien más. Antes de que comenzara a asistir a la iglesia donde yo era pastor, ya le habían pedido que abandonara otras tres iglesias. Como era de esperarse, no se quedó mucho tiempo con nosotros tampoco.

Un corazón amargado. Una causa adicional del conflicto que viene de nuestra naturaleza pecaminosa se encuentra en la Epístola a los Hebreos. El autor animó a sus lectores a "tener cuidado de que ninguno de ustedes pierda el favor de Dios, ni sea como la mala hierba, pues esto los puede perjudicar a todos". (Hebreos 12:15 PDT).

Uno le da a los demás lo que tiene. Permíteme compartir contigo un secreto médico. Si tienes paperas e infectas a alguien más, ellos contraerán paperas, y no sarampión. Si bien esto es una verdad evidente en el campo de la medicina, no es igual de evidente en el reino espiritual. Si tienes amargura en tu corazón, serás portador y difusor de la amargura. No puede ser de otra manera.

Es tiempo de resolver tus problemas personales para que puedas convertirte en un portador de paz, alegría y armonía. Considera esta declaración sencilla, pero profunda: las personas heridas hieren a otras personas. Deja de depositar tu dolor sobre los otros. Resuelve tus heridas.

Un cuerpo y una mente cansada. La fuente principal de conflicto no es producto de la naturaleza pecaminosa, sino simplemente de la naturaleza. Esta fuente natural radica en un cuerpo y una mente cansados. La mayoría de la gente ha sido culpable de ceder a las palabras, acciones o actitudes que causan conflicto simplemente porque estaban fatigados. Recuerdo que mandé a mis hijos a la cama temprano una noche con la explicación: "Papá está cansado". Decidí evitar la consecuencia inevitable de mi cansancio junto con la rivalidad que podría surgir entre hermanos.

Tres Maneras De Responder Al Conflicto

Quiero compartir contigo un acróstico sencillo que explica las tres formas en que las personas responden al conflicto, y ayudarte a identificar cuál método es tu mejor opción.

Ataca
Ignora
Maneja

Es necesario encarar tus reacciones (**AIM**, en inglés, significa "encarar") y aprender a manejar tus conflictos.

La "A", de Atacar

"No es mi culpa que seas tan estúpido. ¿Por qué no me dijiste que ibas a llegar tarde a casa? Ya sabes lo mucho que me preocupo cuando no sé dónde estás. La próxima vez dímelo para no llamar a la policía y tener que salir a buscarte". El Ataque de Kenny es muy típico e ilustra cómo muchas personas reaccionan ante el conflicto. Linda le dijo a Kenny que iba a estar en casa cerca de la medianoche, pero a él se le olvidó. Al ser incapaz de aceptar su equivocación, atacó verbalmente a su esposa.

Una de las maneras comunes de solucionar el conflicto es atacar a tu oponente. Has oído el dicho que dice: "la mejor defensa es una buena ofensiva". Ataca primero, y así podrás abrumar y derrotar a tu oponente. Frecuentemente vemos esta reacción en las personas que viven enojadas y con heridas profundas. Existen cuatro métodos principales, comúnmente utilizados cuando se ataca a alguien.

Situaciones de ganar-perder. Un ataque cómo este se da cuando se piensa que la única solución posible es que uno gane y el otro pierda. Cuando te imaginas este escenario en la mente, el ataque está activado. "Yo no voy a ser el que pierda". Todos los estorbos se eliminan: la batalla comienza para asegurar que tú ganes y la otra persona pierda. Este escenario se puede llevar presentar en el trabajo, con tu familia o en un matrimonio, trayendo consecuencias devastadoras a largo plazo.

Acción Legal. Esta táctica se utiliza principalmente en el mundo de los negocios y en la sociedad de consumo; vas a los tribunales y demandas a tu oponente. La simple amenaza de algo como esto le da escalofríos a la mayoría de la gente y le impide tener un diálogo constructivo que podría resolver muchas peleas.

Una vez que la amenaza de demanda es pronunciada, todo se detiene y la gente busca un buen abogado.

Abuso. El tercer método que experimentamos o utilizamos se encuentra en la estructura familiar. El abuso entra en juego, por lo general entre esposo y esposa o padre e hijo, con resultados catastróficos. Se puede manifestar con simples gritos o escalar a violencia física, donde en un caso extremo, ocurre una muerte. El abuso verbal, mental o físico, cuando se utiliza para atacar durante el conflicto, es siempre pecaminoso y malo.

Homicidio. Frecuentemente aparece en las noticias la historia de alguien que deja el trabajo y regresa con un arma. Estas personas proceden a cazar y matar a las personas que son el foco de su ira. Resolver conflictos de trabajo usando violencia y otros delitos están en declive en los Estados Unidos desde 1975. Aunque esto es una buena noticia, la violencia y el homicidio son formas tentadoras para resolver una discusión cuando las emociones están sobreestresadas.

Nunca es una buena opción atacar cuando estás enfrentando un conflicto. La Biblia maneja un alto estándar en cuanto a nuestro comportamiento relacional. Una y otra vez se nos advierte que prefiramos a los otros antes que a nosotros mismos, mientras que, por el contrario, un ataque se basa en la auto-protección.

La "I" Significa Ignorar

En otoño del año 2000, sin saberlo, contribuí a un gran conflicto dentro de mi propia iglesia. Estaba trabajando con un hombre más joven, con la esperanza de llevarlo finalmente con nuestro personal para que me ayudara. La iglesia estaba creciendo. Yo viajaba con frecuencia fuera de la comunidad. Nuestros planes se obstaculizaron y el proceso se desaceleró. El joven se impacientó, y la tensión creció entre nosotros. Mi esposa lo presintió y oraba cada vez que yo tenía una reunión con él. Yo tenía la esperanza de que las cosas cambiaran y por ello ignoré las señales de advertencia. Luego, en diciembre de ese año, el conflicto estalló a la luz pública cuando él me acusó de no ser capaz de guiar a la iglesia y decir que había mucha gente descontenta conmigo. Con nombres en la mano, los ancianos investigaron sus denuncias, que resultaron ser falsas. Como un equipo de liderazgo, nos enfrentamos al problema, pero ya era demasiado tarde. Cuatro semanas después, la iglesia perdió alrededor del 50 por ciento de la congregación. Una de las varias lecciones importantes que aprendí en ese año fue: nunca ignorar el conflicto en proceso.

Mientras que atacar es la forma más destructiva utilizada por las personas para manejar el conflicto, no es el método más común. El método más común para manejar el conflicto es ignorarlo con la esperanza de que desaparezca.

Nunca desaparece.

No sólo no desaparece, sino que cuando lo ignoras, no puedes resolverlo. Un conflicto no resuelto se entierra solo para aparecer en los momentos más inoportunos en el futuro. En el transcurso de los años en los que he enseñado sobre este asunto, se han acercado a mí numerosas personas durante los descansos y me han compartido cómo pensaban que el ignorar el conflicto era el método bíblico para lidiar con él. Muchas veces se llega a esta conclusión por confundir la humildad con ignorar los desacuerdos y la discordia.

Hay tres frases comunes que la mayoría de la gente usa cuando está tratando de racionalizar su decisión de ignorar un conflicto:

"Todo está bien. ¿Cuál es el problema?" (Esto es una mentira y

una negación.)

"Con el tiempo va a desaparecer." (Esto es engaño)

"Dios me ha autorizado para irme a otra parte". (Esto es huir)

En cuanto a este último comentario, Dios rara vez te permitirá que te salgas durante un conflicto. Él quiere que resuelvas tu conflicto antes de irte. Las huellas que dejan las relaciones rotas, combinado con los cristianos que ya no asisten a la iglesia, son el resultado que se obtiene al no resolver el conflicto de una manera redentora. Si resuelves el conflicto de una manera piadosa, puede que ni siquiera desees irte. Eso sería un poderoso testimonio del poder que tiene el seguir los caminos redentores de Dios. Esto nos lleva al último método de manejo del conflicto. Aquí es donde te encuentras con lo que he llamado "la resolución redentora de conflictos".

"M" Significa Manejar

Dios quiere que manejes y resuelvas tus conflictos, no que ataques a tus oponentes o entierres tus heridas. Dios no es ajeno a la hostilidad y la manera de tratar con ello. La Biblia está llena de ejemplos sobre el conflicto. Desde el Génesis 3 hasta los últimos capítulos del Apocalipsis, hay conflicto, discordia y contienda. El conflicto recorre el espectro que va, desde ofensas sencillas, hasta delitos de homicidio y rebelión abierta contra Dios. Pero Jesús nos dio una receta muy clara para manejar tus conflictos.

Cuando Jesús dio instrucciones de cómo debía manejarse la iglesia, incluyó e incorporó herramientas redentoras de resolución de conflictos. Mateo registra esto en su evangelio:

Por tanto, si tu hermano peca contra ti, ve y repréndelo cuando él y tú estén solos. Si te hace caso, habrás ganado a tu hermano. Pero si no te hace caso, haz que te acompañen uno o dos más, para que todo lo que se diga conste en labios de dos o tres testigos. Si tampoco a ellos les hace caso, hazlo saber a la iglesia; y si tampoco a la iglesia le hace caso, trátalo como a un pagano o un cobrador de impuestos. (Mateo 18:15-17 RVC)

Este pasaje proporciona las herramientas prácticas que necesitamos para la solución redentora de conflictos. Hay algunas limitaciones cuando se trata del mundo corporativo, pero el espíritu de las palabras de Jesús puede funcionar en todos los entornos y situaciones. Sería una vergüenza eliminarlas por las razones técnicas de que una acción no es un pecado definido o no se encuentra en el entorno de la iglesia. Jesús dio un sabio conocimiento sobre la solución redentora del conflicto, no una fórmula estricta que mitigue a la ley del amor.

Habilidades Para Manejar Tu Conflicto

La resolución redentora del conflicto se compone de tres pasos principales. Estos pasos entran en juego dependiendo de la gravedad del conflicto. Pueda que sólo se necesite utilizar el primer paso si el conflicto u ofensa es leve. Las situaciones complejas necesitarán los tres pasos. Cada paso se divide en varias habilidades o acciones. A medida que el conflicto se vuelve más grave, se utilizan más habilidades para manejarlo. Estas habilidades se encuentran en un orden específico y deben practicarse en ese orden para evitar crear un conflicto mayor.

El primer paso en la resolución redentora del conflicto es **otorgar la gracia**. Esto significa pasar por alto la ofensa. Tú determinas si la ofensa es lo suficientemente grave como para afectar tu relación. Trataremos este paso con mayor detalle en el capítulo 3.

Cuando has otorgado la gracia pero el conflicto sigue sin resolverse, entonces se prosigue al siguiente paso. **Prepárate para encontrate con la otra persona en en encuentro cara a cara.** La acción clave aquí es la preparación. Esta preparación tiene sus raíces en las palabras de Jesús:

> *"¡Hipócrita! Saca primero la viga de tu propio ojo, y entonces verás bien para sacar la paja del ojo de tu hermano." (Mateo 7:5).*

Echaremos un vistazo a un auto-examen, problemas de ira, la confesión y el perdón. Estas habilidades preparan el camino para que ambas partes dejen la actitud defensiva y acepten la responsabilidad adecuada de lo que cada quien aporta al conflicto. Trataremos esto extensamente en los capítulos del 4 al 9.

El tercer paso que vamos a tratar **es cómo y cuándo traemos a los otros al proceso.** Este paso requiere de su propio conjunto de habilidades y conlleva sus propios problemas potenciales. Es necesario planificar de antemano y usar la sabiduría con respecto a quién traes al proceso y por qué. En el capítulo 10 veremos estas habilidades y las elecciones necesarias que deberán hacerse.

Hay momentos en los que has hecho todo lo posible y **la resolución te evade.** Ese el el momento de iniciar una estrategia a largo plazo y comenzar a utilizar otra habilidad. Si en realidad existe alguna posibilidad de resolver el conflicto, esta habilidad es la que tiene el mayor potencial, pero también implica un mayor compromiso tanto de tiempo como emocional. Trataremos esta poderosa habilidad en el capítulo 11.

Para experimentar un cambio significativo en tus actitudes y acciones se requiere del proceso de interiorizar la nueva información y de conciencia al respecto. Por ello, al final de cada capítulo hay un ejercicio diseñado para ayudarte a cambiar la manera en que resuelves los conflictos. Para obtener mejores resultados, tómate el tiempo necesario para analizar completamente cada ejercicio.

Hoja de Ejercicio

1. Tómate un momento y mira profundamente dentro de ti mismo. Usando las fuentes de conflicto que se han tratado en este capítulo y junto con aquellas que no se trataron, pero que encuentras en tu vida, enumera las cuatro principales fuentes de conflicto con las que lidias.

1) _____

2) _____

3) _____

4) _____

Encierra en un círculo la que te provoca un mayor problema.

2. ¿Cuál es la causa principal de esa fuente de conflicto?

_____

_____

_____

_____

_____

3. Revisa las diferentes formas en que la gente responde al conflicto. ¿Cuál respuesta describe mejor la forma en la que tú respondes al conflicto?

_____

_____

_____

_____

_____

4. ¿Cuáles son las fortalezas de esa manera de responder al conflicto?

_____

_____

_____

_____

5. ¿Cuáles son los puntos débiles?

_____

_____

_____

_____

6. Explica cuál sería una mejor forma de responder al conflicto.

_____

_____

_____

_____

2 ENMEDIO LA ORACIÓN
DEL CONFLICTO

"Pero a ustedes que me escuchan les digo: Amen a sus enemigos,
hagan bien a quienes los odian, bendigan a quienes los maldicen,
oren por quienes los maltratan".
~ Lucas 6:27, 28

Estaba empezando a oscurecer y ya había buscado por todos lados
el tornillo que se me había caído detrás del motor. Hice todo
lo posible por encontrarlo durante diez minutos, pero seguía
escondido. Por la desesperación lancé una oración rápida invocando el
favor de Dios. Regresé la mirada al motor y deslicé mi mano dentro de una
abertura por enésima vez: mis dedos desengancharon el tornillo. Cayó al
suelo a la vista de todos.

Más tarde, esa misma noche, sonó el teléfono. Al otro lado de la
línea se oyó alguien con una voz afligida, pidiéndome que le hiciera
oración. Hice unas breves preguntas y se aclaró la situación: era
cáncer. Nos unimos rápidamente en oración antes de finalizar la
llamada.

Los cristianos saben que la oración es una parte esencial de la vida.
Oramos por cualquier cosa y por todo. O ¿no? Cuando se trata de algún

conflicto, por lo general, la oración es uno de los últimos caminos a los que se recurre. ¿Eres culpable de haber dicho: "Ya he intentado todo, creo que debería orar"?

La Oración Cambia Al Corazón

Los beneficios de la oración inmediata durante el conflicto son verdaderos y poderosos. Invitas al Señor a cambiar tu corazón, el corazón de la otra persona y las circunstancias. Esos son los tres obstáculos que la oración tiene el poder de vencer.

Al orar por la otra persona, tu corazón cambia. Dios suaviza, dirige, y reprende si es necesario. El simple hecho de orar por la otra persona nos abre para sentir empatía y compasión. Durante la oración, Dios cambia los corazones de los que están involucrados en el conflicto.

No quiero decir que el conflicto se esfumará después de la oración sin que haya una acción de tu parte. Con el tiempo he descubierto que cuando he llegado a orar antes de interactuar con los involucrados en un conflicto el ambiente se siente como si hubiera sido preparado. Puede ser que mi corazón y mi actitud sean los que hayan cambiado, pero tal ajuste es suficiente para darle una dinámica totalmente distinta a la situación.

Cuando oras, te conectas al amor de Dios. Esta conexión puede conmover los corazones de todos los involucrados. Cuando Esteban estaba siendo apedreado, él oró para que Dios "los perdonara porque no sabían lo que hacían" (Hechos 7:54-60). Hay un sentimiento real de preocupación en el corazón de Esteban por la condición de ellos. Le pidió a Dios que tocara sus corazones para que fuesen incluidos en la provisión redentora de Dios.

La oración de Jesús fue el ejemplo de Esteban y es tu ejemplo también. Jesús señaló el camino a seguir cuando hizo la misma oración al estar en la cruz (Lucas 23:34). El corazón siempre debe estar en el centro de la preocupación. Cuando te encuentras en un conflicto, es en el corazón donde el cambio necesita comenzar a generarse. El poder para cambiar al corazón se encuentra en la oración. La Biblia declara que el corazón del rey está en la mano del Señor (Proverbios 21:1). Solamente Dios puede transformar el corazón. Necesitamos dejar que lo haga por medio de la oración.

La Oración Cambia Las Circunstancias

Generalmente los cristianos creen, de dientes para afuera, en el poder de la oración, pero no lo llevan a la práctica. ¿Cuántas veces te has preocupado y desgastado a causa de las circunstancias que están causando el conflicto? Por motivos más allá de mi entendimiento, la mayoría de las personas se estresan y se molestan en vez de detenerse a orar seriamente.

Ana, una mujer en la Biblia, no podía tener hijos. La esterilidad era un desastre para cualquier mujer en el mundo antiguo. Su esposo, Elcana, tenía otra esposa con hijos; ella atormentaba a Ana sin misericordia. Cada año, Elcana, Ana y la otra esposa peregrinaban al Tabernáculo de Siloé. Este viaje era una fuente de gran conflicto entre las dos mujeres. En una ocasión, Ana le pidió al Señor que le diese un hijo. Ese año, después de mucho tiempo de ser estéril, concibió y dio a luz a un niño. Le puso por nombre Samuel y llegó a ser uno de los grandes líderes de Israel (1 Samuel 1). La oración cambia las circunstancias.

El Apóstol Pedro también experimentó que el poder de Dios cambia las circunstancias por medio de la oración. En prisión y atado entre dos guardias, Pedro sintió un aumento de adrenalina en su cuerpo, mientras la oración cambiaba su desesperante realidad. Lo despertó el toque de un ángel, quien le ordenó que se vistiera y lo siguiera para ser liberado. Pedro obedeció, lo siguió por las puertas que se abrían por sí solas y se encontró a sí mismo parado afuera de las bardas de la prisión. La Biblia claramente dice que la iglesia estaba orando con fervor intercediendo por él (Hechos 12:5-17). La oración cambia las circunstancias.

El Apóstol Pablo creía en que la oración cambiaba las circunstancias cuando le escribió a la iglesia de Corinto. En su segunda carta les dijo cómo Dios lo había rescatado de situaciones que le podrían haber costado la vida. Les agradeció por haberle ayudado con sus oraciones (2ª Corintios 1:9-11).

Estos y muchos más ejemplos demuestran la necesidad de detenerse a orar cuando se está frente al conflicto. Antes de que te angusties y te aflijas: detente y ora. Antes que la preocupación y la ansiedad te invadan: detente y ora. Antes que levantes la bocina del teléfono o escribas una carta: detente y ora. La oración es la primera acción que necesitas tomar cuando te enfrentas al conflicto.

Claves Para La Oración Efectiva

Entabla una conversación con Dios a través de la oración. Puede que esto suene muy simple como para incluirlo como parte de la solución. ¿Cuántas veces le has dado vueltas al conflicto durante horas, buscando la manera de solucionarlo con tu propia sabiduría? Eso no es hacer oración; eso es trabajar con tu propia fuerza. El orar es ir a Dios y tener una conversación con Él acerca de la situación. Escuchar, en silencio, la respuesta durante ese proceso es algo que juega un papel importante al entender la sabiduría de Dios.

Bruce Wilkinson, en su serie en videos acerca de *La Oración de Jabes*, cuenta cómo unos periodistas le preguntaban acerca del éxito de su libro. Los periodistas tenían una variedad de creencias religiosas y no religiosas. Querían saber por qué su libro había llegado a tener tanto éxito.

Bruce decidió no darles una respuesta, sino que los retó a hacer la oración de Jabes por treinta días, y sencillamente, reportarle lo que sucediera. Debían hacer su escrito basado en la experiencia de cada uno. Pero primero tenían que hacer la oración durante treinta días.

Ninguno de los periodistas se comprometió a hacer la oración de Jabes por treinta días. Dijeron que meditarían al respecto, que considerarían lo que dice, pero que ninguno se comprometería a hacer la oración. ¿Cuántas veces pensamos sobre una situación o meditamos acerca de algo, pero nunca oramos realmente?

Pide De Acuerdo A La Voluntad Del Padre.

La Biblia nos enseña que si pedimos cualquier cosa de acuerdo a la voluntad del Padre Él nos escuchará y recibiremos lo que pedimos (1ª Juan 5:14, 15). Cuando oras durante el conflicto, ¿en la voluntad de quién estás pensando?

Durante un conflicto nos dirigimos a Dios con una lista de instrucciones: "Bueno, Dios, esto es lo que puedes hacer por mí para resolver mi conflicto". No puedo recordar cuántas veces Dios ha lidiado con la actitud de mi corazón antes de hacerlo con mi lista de sugerencias con respecto a las acciones que Él podría tomar. Mientras que Él ajusta mi actitud algo extraño sucede con mi lista. Comienzo a notar cómo mi lista es egocéntrica y cómo le falta la perspectiva de Dios.

La gente está comprometida a resolver el conflicto de maneras que satisfacen a sus deseos personales. Las acciones que tomas para resolver el conflicto muchas veces son diferentes a lo que Dios quiere hacer. Él mira la escena completa y está comprometido a resolver el conflicto de una manera redentora.

La voluntad de Dios es para el bien de todos los involucrados. No favorece a una parte por encima de la otra. Tú ves el bien y el mal: desde tú perspectiva tú tienes la razón y el otro está equivocado. Dios tiene un propósito más alto. Él ve el gran potencial de acercar a cada persona a la imagen de Su Hijo, Jesús. Mientras que tú quieres consuelo, Dios quiere que tengas un carácter piadoso.

Permite que el Espíritu ore a la voluntad del Padre a través de ti. Es fácil errar la voluntad del Padre a falta del entendimiento de dicha voluntad, o debido a que tus motivos personales estén fuera de lugar. Es importante que durante el conflicto involucres a Dios en la solución. Él sabe cómo resolver el conflicto de manera que sea una experiencia positiva para todos los involucrados.

En Romanos, Pablo escribió que el Espíritu intercede por nosotros y que conoce la voluntad del Padre (Romanos 8:26, 27). ¿Cuánto tiempo esperas para escuchar una respuesta antes de empezar a orar?

Este es un ejercicio difícil de dominar. Yo enseñé este concepto durante una reunión de oración un sábado por la noche. Comencé con dando instrucciones de permanecer quietos y esperar para encontrar el rumbo que debía seguir la oración. Oré para que el Padre nos compartiera Su voluntad en la reunión de oración esa noche. Fue un desastre. Estábamos tan enfocado en nuestras propias necesidades que las oraciones oscilaban de aquí para allá y no tenían continuidad. Regresé a mi casa desalentado, pensando si acaso algún día dominaríamos esta disciplina. Después de semanas de práctica las cosas comenzaron a cambiar. Tú puedes desarrollar esta habilidad y ver a Dios resolver conflictos de maneras inusuales y sorprendentes.

Frecuentemente me hago el recordatorio yo mismo para

detenerme y escuchar antes de meterme en la oración. Cuando espero, por lo general obtengo un sentido de dirección. El aprender a detenerse y escuchar para encontrar el rumbo de la oración debe ser desarrollado en pequeños grupos y en tu vida personal de devocional, pero es especialmente importante hacerlo durante el conflicto.

El saber cómo orar de acuerdo a la voluntad del Padre es diferente para cada persona. Puede que recibas impresiones de por qué orar o ser dirigido a un pasaje de la Biblia. Un principio bíblico que encaje perfectamente con la situación puede venir a tu mente de la nada. La clave es estar abierto y ser sensible a los susurros del Espíritu Santo.

Lo sorprendente es el número de ideas que llegan a darle rumbo a tu oración. Te encontrarás pidiéndole a Dios que bendiga a la otra persona en vez de pedirle que le dé un escarmiento. Estarás orando a Dios para que les muestre sus errores, y de pronto tú estarás viendo tus propios errores muy claramente. ¿Por qué? Porque Dios comparte contigo, por medio del Espíritu Santo, Su voluntad, la cual es sabiduría pura y completa.

Para aquellos que practican el don de hablar en lenguas, o lo que algunos llaman el lenguaje personal de oración, hay una medida adicional. Pablo indica que se ore en el Espíritu en todo tiempo (Efesios 6:18). ¿Quién conoce mejor la voluntad del Padre que el Espíritu? El orar en el Espíritu, o en tu lenguaje de oración, es orar por la voluntad del Padre sin la intromisión de motivos egocéntricos. Esta es una herramienta poderosa para dejar que Dios esté activo en tus conflictos. Para ilustrarlo, voy a recurrir a un incidente de la vida de mi hijo mayor.

Vivimos en Oregón, donde se encuentra uno de los más bellos hitos geográficos de nuestro país, el Monte Hood. La montaña mide 3429 metros, y cada año muchos la escalan con éxito. Mi hijo, Dan, y su amigo, Jerry, querían conquistar la montaña e hicieron los preparativos necesarios. Había llegado el fin de semana del "Memorial Day" (día en que se conmemora a los caídos en la guerra) y salieron hacia la montaña, listos para una gran aventura.

La escalada comenzó a la medianoche para que pudieran llegar a la cima y regresar antes que la nieve se derritiera. Llegaron a la cumbre aproximadamente a las 8 a.m., gozaron el momento, chocaron las manos y comenzaron a descender, para llegar al estacionamiento a mediodía. Sin darse cuenta de lo agotados que estaban, se subieron al auto y se dirigieron a casa mientras experimentaban una gran sensación de triunfo.

Al avanzar una breve distancia, Jerry se quedó dormido al volante y cruzó la línea divisora hacia el otro carril, donde venía una camioneta en sentido contrario. Eran las 12:21 p.m., de acuerdo al reporte de la policía.

Jerry tiene una hermana, quien, ese mismo sábado, estaba de compras en la tienda de abarrotes. De repente ella sintió una necesidad fuerte de orar, no una urgencia emocional sino una provocación en su espíritu. Comenzó a orar en su lenguaje personal espiritual. No sé la hora exacta, pero ella calculó que fue 10 minutos antes o después de las 12:21 p.m.

Mientras continuaba haciendo las compras, también continuó orando en su lenguaje personal espiritual. El Espíritu Santo le estaba pidiendo que intercediera por los dos muchachos. No comprendía totalmente lo que estaba pasando en ese momento, pero obedeció al deseo de orar.

Creo que los muchachos hoy están a salvo y viviendo una vida normal porque el Espíritu Santo oró de acuerdo a Su voluntad, a través de ella, para pedir por la seguridad de los muchachos. Dios encontró a un individuo dispuesto a escuchar al Espíritu Santo y orar, allí en el supermercado, mientras cumplía con sus quehaceres cotidianos.

Fe Cristiana O Fatalismo Cristiano

¿Por qué recalco la importancia de la oración durante el conflicto? Porque muchos cristianos dicen que una promesa no es una promesa hasta que hay oración. Al igual que yo, puede que hayas memorizado Romanos 8:28, "Ahora bien, sabemos que Dios dispone todas las cosas para el bien de quienes lo aman, aquellos que han sido llamados de acuerdo con su propósito". Cuando se saca del contexto, este versículo puede parecer que se refiere a que Dios se va a ocupar de todas las cosas malas que vienen a nuestra vida.

Hace algunos años escuché una enseñanza de Jack Hayford, la cual cambió mi entendimiento sobre ese versículo. De acuerdo a los versículos anteriores, la oración es un requisito para el cumplimiento de esta promesa. El que Dios tome las cosas difíciles de la vida y las cambie para bien está convenido para los que oran.

Un fatalista cree que todos los eventos y consecuencias están predeterminados y, que, por lo tanto, son inevitables. Creer en esta promesa, y no ponerla dentro de su debido contexto, hace de ti un cristiano fatalista. Si no hubiera necesidad de hacer oración, entonces significaría que Jesús nos jugó una mala broma cuando habló de la importancia de la oración. Si Dios lo va a resolver todo de cualquier manera, entonces, ¿para qué orar?

Quiero dejar bien claro que Romanos 8:28 es una promesa

en la cual puedes confiar cuando es activada por la oración. De esta manera dejas que Dios cambie los elementos negativos del conflicto y los vuelva experiencias positivas para todos los involucrados.

Antes de terminar este capítulo sobre la oración, toma unos minutos para orar por alguna situación presente. Cuidadosamente y en oración, completa la siguiente hoja de ejercicios.

Hoja de ejercicios sobre la oración

1. Has una lista de las personas con las que tienes conflicto en este momento y da una sencilla descripción (sin revelar información personal que pudiera ser divulgada inapropiadamente). Puede que sea un conflicto presente o que venga de tiempo atrás. Puede que sea un sencillo mal entendido, o una situación seria de abuso, o algo intermedio.

_____

_____

_____

_____

2. Describe tu actitud hacia esa persona.

_____

_____

_____

_____

3. ¿Qué hay de pecado en tu actitud?

_____

_____

_____

_____

4. Escribe una oración que cumpliría con la esencia de lo que Jesús dijo en Lucas 6:27-36.

_____

_____

_____

5. Considera cuál podría ser un adecuado compromiso de oración que podrías tomar y llevar a cabo. Ahora escribe ese compromiso, firma y ponle fecha.

_____

_____

_____

6. Le voy a pedir a _____ que me pida cuentas del cumplimiento de mi compromiso. Le pediré que lo haga para el día_____ (fecha).

3 PASA POR ALTO
LA OFENSA

"El buen juicio hace al hombre paciente;
su gloria es pasar por alto la ofensa."
~ *Proverbios 19:11*

Gary iba a la iglesia y estaba desempleado. Mi esposa reunió varias bolsas con alimentos y las puso en el asiento trasero del auto de su familia durante el servicio. Su intención fue la de ayudarlo discretamente, pues así es su naturaleza. Gary se ofendió y dejó de asistir a la iglesia. Él era el hombre de la casa y no quería limosnas. Mi esposa recuerda muy bien este acontecimiento por el enorme agravio que causó. Yo me sorprendo continuamente al ver cómo algunas sencillas acciones se convierten en graves ofensas.

Las ofensas son como infartos del corazón. Muchas personas tienen infartos, pero nunca se dan cuenta del daño que les causan. Otros están conscientes de lo que está sucediendo, pero nunca tratan el problema ni enfrentan las consecuencias. Aquellos que fueron ofendidos y no hacen algo al respecto pueden sufrir daños emocionales o espirituales de la misma manera en que un infarto causa daños físicos. Su salud espiritual y emocional pende de un hilo, dependiendo de las decisiones que tomen.

¿Cómo es este asesino silencioso que muchas veces subestimamos? Se disfraza de una sencilla ofensa: una palabra mal dicha, una mirada que comunica vibraciones negativas o alguna otra acción inocente que causa que los sentimientos se hieran. La manera en que manejes ya sea un desliz de lengua o una mirada, determinará tu futuro. ¿Permitirás que este asesino silencioso hiera tu vida espiritual y emocional? ¿o rechazarás la oportunidad de ofenderte y mantendrás una perspectiva saludable?

Cuando nos ofenden, muchas veces experimentamos la sensación de tener los sentimientos heridos, experimentamos ira e indignación personal. Estas respuestas están basadas en la impresión de haber sido tratado injustamente o de que nuestros derechos han sido violados. La respuesta equivocada puede producir celos, resentimiento, conflicto, amargura y odio. La elección correcta producirá paz y la capacidad de disfrutar con la gente.

La Fuente De Las Ofensas

La lengua es una fuente común de ofensas. Ofendemos a más personas con nuestras palabras que con nuestras acciones. En el Nuevo Testamento, en la carta de Santiago, hermano de Jesús, él señala cómo las palabras ofensivas son el resultado de un carácter inmaduro.

Todos tropezamos, caemos y ofendemos en muchos sentidos. Y si alguno no ofende con palabras (nunca dice cosas incorrectas), ha llegado a desarrollar completamente su carácter y es una persona perfecta, capaz de controlar su cuerpo y de dominar toda su naturaleza.

(Santiago 3:2 traducción de la Biblia AMP)

Una tendencia común es la de aferrarnos a las palabras negativas dichas por otros. Esto puede manifestarse cuando guardamos algún rencor, cuando alimentamos una queja, o si llevamos una lista de los errores cometidos por alguna persona. Cuando eres "pegajoso" y todos esos pequeños errores se adhieren a ti, continuamente vas a sentirte ofendido.

Tu mejor estrategia siempre es la de pasar por alto la ofensa, cuando sea posible. Y aunque esto parezca bastante sencillo, muchas veces puede resultar ser muy difícil. Regularmente preferimos recibir el perdón que otorgárselo a los otros. Y claro que hay una razón para esta reacción. Pon mucha atención para que puedas otorgar el perdón con menos esfuerzo.

Tú juzgas a otros por sus acciones, mientras que a ti mismo te juzgas por tus motivaciones. Conoces y comprendes tus propios motivos, creyendo que eres puro y recto. Solo puedes observar las acciones de los otros y adivinar sus motivos. Puesto que sus acciones o palabras parecen ser hirientes, es fácil suponer que sus motivaciones son imperfectas. Entonces, se vuelve difícil otorgarle el perdón a otros, mientras que te lo concedes con facilidad a ti mismo.

La Biblia está repleta de exhortaciones a ser generosos al perdonar a los otros. No solo nos dice que otorguemos el perdón, sino que nos enseña cómo hacerlo a través de las historias de Abraham y Lot, de Jesús y la mujer sorprendida en adulterio, y de la historia suprema de Dios redimiendo a la humanidad. Estos son algunos ejemplos de inspiración que se encuentra en la Biblia:

El necio muestra en seguida su enojo, pero el prudente pasa por alto el insulto. (Proverbios 12:16)

Iniciar una pelea es romper una represa; vale más retirarse que comenzarla. (Proverbios 17:14)

El buen juicio hace al hombre paciente; su gloria es pasar por alto la ofensa. (Proverbios 19:11)

No te digo [perdona] hasta siete veces, sino hasta setenta y siete veces, le contestó Jesús (Mateo 18:22)

De modo que se toleren unos a otros y se perdonen si alguno tiene queja contra otro. Así como el Señor los perdonó, perdonen también ustedes. (Colosenses 3:13)

Sobre todo, ámense los unos a los otros profundamente, porque el amor cubre multitud de pecados. (1ª Pedro 4:8)

Ignorar O Pasar Por Alto

Ignorar una ofensa es diferente a pasarla por alto. Lo que se ignora no se puede resolver, ni se puede obtener un cierre emocional acerca de la situación. Busquemos una clara definición de cada una de estas elecciones.

Ignorar significa rehusarse a prestarle atención a algo; actuar como si nunca hubiera sucedido. Cuando ignoras algo, lo entierras y lo sumas al montón de heridas que han quedado sin resolver. Estas heridas escondidas se multiplicarán y estallarán en el futuro. Ese estallido puede ser silencioso por dentro, causando que te amargues o puede ser muy público, causándote un arranque vergonzoso. Recuerde este concepto importante: la persona herida hiere a otros. El ignorar nunca es la respuesta a una ofensa.

Pasar por alto significa mirar por encima de ello o no ser afectado por ello. Cuando pasas algo por alto, no lo estás ignorando ni haciendo como que no sucedió. Estás reconociendo que sí sucedió y estás eligiendo no ser afectado por ello. El pasar por alto una ofensa es el primer paso para resolver el conflicto. El no ser afectado y ver más allá del incidente elimina la posibilidad de que se convierta en una piedra de tropiezo.

Para vivir una vida emocional saludable es importante que pases por alto las ofensas menores. Cada día tiene su dósis de palabras mal dichas y de elecciones imprudentes hechas por otros. Si tienes la costumbre de permitir que eso te moleste, se te catalogará como una persona susceptible y los otros tratarán de evitar el contacto contigo. Hay personas con quienes yo elijo pasar el menor tiempo posible. Sé lo susceptibles que son y que tienden a encontrar la ofensa en las conversaciones más sencillas.

Siempre que hay comunicación puede haber resbalones de lengua no intencionales. Todos lo hacemos. Necesitamos aprender a hacer la distinción entre lo que es intencional y lo que no. El otorgarle el perdón a los otros utilizando este principio hará que ellos te devuelvan el favor perdonándote cuando tú tengas un resbalón.

Otro motivo para pasar por alto una ofensa u otorgar el perdón se encuentra en cómo te trata Dios. ¿Cuántas veces durante las últimas veinticuatro horas has hecho o dicho algo que ofendió a Dios? Él te otorgó el perdón. No lo ignoró ni hizo como si no hubiera sucedido. Él está muy consciente de ello. Dios eligió perdonar. Tal perdón está basado en la obra expiatoria que Jesús llevó a cabo en la cruz.

El Salmista nos dijo que el Señor es compasivo y clemente y que no nos trata de acuerdo a nuestro pecado (Salmo 103:8-10). Jesús nos invita a ser misericordiosos así como su Padre lo es contigo (Lucas 6:36). Nuestra capacidad de otorgar el perdón se basa en la gracia que Dios ha extendido sobre nosotros por medio de Jesucristo. Puesto que somos recibidores del perdón, ahora podemos ser unos generosos otorgadores del perdón.

Otorgar el perdón a los que te molestan intencional o no intencionalmente es una elección madura. A veces es imposible, puesto que sus acciones van más allá de ser solamente enfadosas. ¿Cómo saber cuándo otorgar el perdón? ¿Cuándo es tiempo de hacer algo más que simplemente pasar por alto la situación?

Cuando Pasar Por Alto

Hay dos preguntas a contestar para determinar si puedes pasar por alto la ofensa o no. La primera pregunta es: ¿la ofensa causará que te sientas diferente con la otra persona por algo más que un corto período de tiempo? Si después de algunas horas o de un día sientes que hay una pared entre los dos, entonces es probable que no puedas otorgar el perdón tan sencillamente. Es ahí entonces cuando es tiempo de usar otra habilidad e ir con la persona y hablar seriamente.

La segunda pregunta es: ¿este incidente o situación te causa un serio daño a ti, a otros o al mismo ofensor? Cuando ha ocurrido un daño serio no se puede pasar por alto la situación.

Estas dos preguntas sirven como guía general para determiner si debes o no pasar por alto una ofensa. Para que esstos cuestionamientos sean una guía eficaz, se deben hacer las preguntas. Tenemos la tendencia de hacernos a un lado cuando nos enfrentamos situaciones ofensivas, pero aún así necesitamos estar alerta y tratarlas.

Las ofensas tienen su lado amable. El filósofo del siglo XV, Maquiavelo, dijo: "Nunca desperdicies las oportunidades que te otorgue una buena crisis". Rohm Emanuel, el Jefe de Estado Mayor del presidente Obama, lo reformuló cuando dijo: "Uno nunca quiere que una crisis seria se desperdicie". Yo lo he replanteado como: "Nunca desperdicies una buena ofensa". Hay mucho que se puede aprender de esta experiencia. Aquí hay seis puntos que deben analizarse cuando uno es ofendido.

- Cuando te ofenden y sientes dolor te sensibilizas hacialos sentimientos de los otros. Fácilmente se nos olvida cómo se sienten los otros en las situaciones que deberíamos manejar con el perdón. Esta sensibilización da lugar a la compasión y a la empatía, cualidades que te hacen ser una persona agradable.

- Enfrentarse con una ofensa fuerte saca a la luz cosas dolorosas que llevamos dentro y que necesitan sanarse. El dolor señala las heridas pasadas y los asuntos noresueltos. Si te ofenden en el mismo lugar una y otra vez tienes que examinar las cosas con cuidado para ver qué es lo que necesitas solucionar en tu propia vida.

- Sentirte ofendido con pequeñas cosas revela un espíritu crítico. El simple hecho de que pasar por alto una ofensa sea difícil es muestra de que otorgar el perdón no es una elección sencilla. Un espíritu crítico busca los errores que se cometen y reacciona a ellos por medio de sentirse ofendido. Para dejar de tener un espíritu crítico es necesario seguir ciertos pasos hasta ajustarlo.

- Las ofensas nos dan la oportunidad de madurar las emociones y el espíritu. El crecimiento es siempre precedido por algún tipo de estímulo, sea positivo o negativo. El pinchazo de una ofensa puede impulsarte a dejar atrás el espíritu crítico y moverte hacia la esfera del otorgamiento del perdón.

- Las ofensas nos regalan la oportunidad de llegar a ser como Jesús. Él se humilló y se rehusó a ser ofendido, incluso hasta llegar a vivir la experiencia extrema en la cruz. El declaró que quienes lo estaban crucificando no sabían lo que hacían y oró por ellos para que fuesen perdonados.

- Las ofensas actúan como un espejo, reflejando las acciones que haces y que son ofensivas para los otros. Las personas que se ofenden muchas veces son ajenas a lo que están haciendo. Están viviendo dentro de sus propios mundos y no se dan cuenta de las consecuencias negativas de sus acciones, hasta que se les llama la atención.

Cambiando Tu Actitud

Cuando decides pasar por alto una ofensa, puede ser que necesites cambiar tu actitud, porque muchas veces ahí es donde está el problema y no en la ofensa ni en el ofensor.

¿Cómo puedes cambiar tu actitud? Todo padre de un adolescente se pregunta si esto será posible y reza en busca de milagros. Te aseguro que sí es posible. Veamos algo acerca de ajustar tu actitud desde el punto de vista del Apóstol Pablo. Él escribió:

Ruego a Evodia y también a Síntique que se pongan de acuerdo en el Señor. Y a ti, mi fiel compañero, te pido que ayudes a estas mujeres que han luchado a mi lado en la obra del evangelio, junto con Clemente y los demás colaboradores míos, cuyos nombres están en el libro de la vida. (Filipenses 4:2-3)

Él dio algunos consejos a la iglesia donde había un par de damas que tenían un pleito. Inmediatamente después de esta petición, vemos una revelación importante con respecto al ajuste de las actitudes. Pablo continuó:

Alégrense siempre en el Señor. Insisto: ¡Alégrense! Que su amabilidad sea evidente a todos. El Señor está cerca. No se inquieten por nada; más bien, en toda ocasión, con oración y ruego, presenten sus peticiones a Dios y denle gracias. Y la paz de Dios, que sobrepasa todo entendimiento, cuidará sus corazones y sus pensamientos en Cristo Jesús. Por último, hermanos, consideren bien todo lo verdadero, todo lo respetable, todo lo justo, todo lo puro, todo lo amable, todo lo digno de admiración, en fin, todo lo que sea excelente o merezca elogio. Pongan en práctica lo que de mí han aprendido, recibido y oído, y lo que han visto en mí, y el Dios de paz estará con ustedes. (Filipenses 4:4-9)

Después de tratar lo del pleito, Pablo habló de la paz. Una consecuencia del ajuste de actitud es que te llevará hacia la paz. Cuando intentas pasar por alto la ofensa los sentimientos negativos pueden ser dañinos para tu habilidad de dejarla atrás. Cuando ajustas tu axtitud, te mueves más allá de la ofensa, dejando las emociones negativas en el pasado. Por eso es importante estudiar cómo ajustar tu actitud.

Las emociones no son fáciles de controlar. Yo tengo más control sobre tus emociones que tú. Si estuviésemos juntos y te dijera: "Alguien me dio este sobre y me dijo que te lo entregara. Esa persona no quiere que sepas quién es, pero ¡es el boleto ganador de la lotería con valor de 140 millón de dólares!". Si me creyeras, tu primera respuesta sería quedarte pasmado, y después vendría una serie de emociones.

Por otra parte, si me acerca a ti y te dijera: "Tengo malas noticias. Acabo de recibir una llamada telefónica. hubo un accidente automovilístico y tu familia está involucrada". Una vez más, tus emociones subirían y bajarían como en una montaña rusa.

Las emociones son subjetivas y son susceptibles a las influencias de afuera. Increíblemente, las emociones son más fáciles de controlar desde afuera que desde adentro. La felicidad es una emoción que no puedes controlar, pero hay algo que sí puedes controlar: tu actitud. Si controlas tu actitud, controlar tus emociones será el siguiente paso. Puedes cambiar tu actitud actual por una actitud de agradecimiento. Cuando te vuelves agradecido, tus emociones siguen a tu nueva actitud. Una actitud de agradecimiento genera emociones de gozo y felicidad.

Cinco Pasos Para Cambiar Tu Actitud: (Filipenses 4)

Paso 1. "Alégrense siempre en el Señor. Insisto: ¡Alégrense!" (*Versículo 4*). A veces es difícil alegrarse. Imagina que estás en medio de un conflicto. Todo se está derrumbando. Estás luchando. Y alguien dice: "Alégrate". Eso no suena muy sensible o como si se te estuvieran apoyando. Sin embargo, Pablo dijo que te regocijaras. Regocíjate en todo. Y tú dices: "¡No puedo! Estoy en medio de un conflicto doloroso".

Hay tres cosas por las cuales te puedes regocijar sin importar tus circunstancias. Dicho sea de paso, así fue como sobreviví y mantuve mi cordura durante nuestro gran conflicto en la iglesia. Durante esa lucha en mi propia vida fue donde aprendí estos "puntos de alegría" que hoy comparto contigo.

- Puedes alegrarte por tu relación con Jesús.

"Jesús, gracias por no rechazarme y en cambio aceptarme, aún durante este conflicto. Padre, me alegro de que tú me conozcas y me ames; tú enviaste a tu Hijo por mí. Nunca me abandonarás. Aún en medio de esto, estoy seguro de tu amor".

- Puedes alegrarte de que Dios te ha dado una oportunidad para alcanzar la madurez espiritual. Le digo a la gente que nadie madura en Disneylandia, y que es precisamente la dificultad lo que trae consigo el crecimiento espiritual."Padre, te agradezco por esta oportunidad para madurar. Señor, gracias por ayudarme a madurar espiritualmente. Voy a ser una mejor persona cuando esto termine".

- Puede alegrarte y darle gracias a Dios quien, quien en su soberanía, ya sabía que estarías en medio de este conflicto. Alégrate de que después de orar, él va tomar la situación mala y la convertirá en algo bueno.

"Padre, gracias porque tú ya sabías acerca de esta situación antes de que sucediera. No te tomó por sorpresa. Te permito por medio de esta oración que la tomes y hagas algo bueno de ella. Me alegro de que tú seas el único que puede hacer esto".

Uno de mis mejores amigos, líder en nuestra iglesia, se disgustó mucho conmigo. En el momento del enojo me acusó de estar poseído por el demonio. Creo que eso cuenta como estar enojado. No solo me dijo estaba endemoniado sino que tenía a un espíritu de control demoníaco. Estoy seguro que la lista de mis faltas no terminó allí.

El problema comenzó cuando yo ofendí a su esposa. Mis intenciones eran honorables, pero mis acciones fueron interpretadas de manera diferente y ella se ofendió. Ella dejó la iglesia y aquél fue un tiempo difícil para mí, probable el único momento en mi vida en el que realmente contemplé la posibilidad del suicidio. Estaba tan desconsolado por ello que comencé a pensar: "No necesito esto. Déjame firmar mi hora de salida de esta vida; sería más fácil que pasar por todo esto".

Desalentado y listo para dejar el ministerio, poco después asistí a una conferencia. Casi al final de la sesión del viernes de la tarde, el orador comenzó proféticamente a describir mi situación. Fue como si hubiese pasado tiempo con él compartiéndole los detalles de mi problema. Ese fue un momento decisivo en mi vida. ¿Por qué? Al salir de allí yo sabía que Dios estaba consciente de mi situación. Comencé a alegrarme, no por lo horrible de los hechos, sino porque Dios no me había abandonado.

¿Qué sucede cuando te empiezas a alegrar? Tus emociones te siguen hacia esa alegría. ¿Por qué? Porque has comenzado a cambiar tu actitud.

Paso 2. *"Que su amabilidad sea evidente a todos" (versículo 5).*
La palabra griega para "amabilidad" significa paciente, de gran corazón, cortés, considerado, generoso, tolerante y moderado. Pablo dijo que debemos dejar que esta actitud salga, literalmente, y sea evidente para la otra persona.

Cuando eliges pasar por alto una ofensa, tu expresas: "Esto realmente no es una cosa tan grande. Elijo otorgar el perdón".

Tenía una secretaria llamada Beth, quien era también la pastora de nuestros niños. En ese tiempo Beth era soltera y trabajaba mucho para mí.

Un día le pedí que fuera a mi oficina y le pregunté: "Beth, ¿dónde está la caja que estaba debajo de mi escritorio? Tenía ahí todos mis sermones no archivados".

· ¿Quieres decir la caja de reciclaje?

En esa caja estaban los sermones que no se habían clasificado y notas muy buenas que había tomado de sermones que había escuchado. Le dije: "No, esa era mi caja de sermones".

· Oh, pensé que eran cosas para reciclar y la tiré.

Esa fue la peor respuesta que me pudo dar. El material era irremplazable. Esta joven me servía; llegaba temprano y se quedaba hasta tarde. El sábado por la noche preparaba mi café, para que el domingo por la mañana, cuando yo llegara muy temprano, solo tuviera que encender la cafetera. Trabajaba mucho. Le hacía emocionante el ministerio a los niños. ¿Mencioné que trabajaba muy duro?

Me recliné hacia atrás en mi silla y tuve un momento de meditación. Luego empecé a reír. Elegí pasarlo por alto. Con esa decisión vino la necesidad de ser generoso con amabilidad.

Paso 3. *Reemplaza la ansiedad con oración. (versículo 6).* Cuando te encuentras en conflicto, por lo general la ansiedad también está presente. Pablo dijo, "Ora". No sé dónde te guste orar, pero hay un cementerio en Jefferson que está en una colina desde donde se ve nuestro pueblito. Yo voy ahí a orar, especialmente cuando hay buen clima. Me parece un lugar refrescante ¡porque nadie me responde! Cuando estoy ansioso y tengo problemas, subo y bajo por los senderos y hablo con Dios. En aproximadamente cincuentainueve minutos Dios parece mostrarse; comienzo a conectarme. Con esta conexión, mi actitud se ajusta más.

Paso 4. *Mira las cosas como realmente son (verso 8).* Cuando estás en medio del conflicto necesitas estar consciente del bien que hay en la otra persona y en la situación. Necesitas buscar las cosas que son verdaderas, que son justas, que son puras, que son amables y todo lo que es dingo de admiración.

Esos son los pensamientos que deben ocupar tu mente. Cuando se está en medio de un conflicto existe la tendencia a mirar lo que está mal. Pablo nos dijo que miremos lo que es correcto.

Regresemos a lo sucedido con Beth y mi caja de sermones. Me recliné, pensé en mis sermones y le respondí: "Beth, está bien si los tiraste. Te diré algo, hoy es viernes y el reciclaje no se recoge sino hasta el lunes. ¿Por qué no vas al contenedor y los sacas?"

- Lo hice hace dos semanas, ya se fueron al reciclaje.

En ese momento me salvé por lo que pensé al respecto: recordé cuán duro había trabajado para mí y las cosas nobles y buenas que hizo. ¿Por qué iba yo a querer destruir a alguien quien había trabajado tanto para mí? ¿Por qué querría yo deshacer una relación que se había establecido a través de los años? No pude pensar en ninguna buena razón para hacerlo. El que yo me enojara y estallara, ¿de qué me iba a servir?

Esto fue lo que descubrí: Lo que me agradaba de ella causó esa situación inquietante. Ella estaba sirviéndome y había cometido un error. Si ella hubiese sabido lo que estaba haciendo, nunca habría desechado una caja con sermones. Beth sencillamente estaba haciendo lo mejor que podía.

Cuando decidimos pasar algo por alto, decidimos también alegrarnos, y si hay ansiedad, oramos. Somos amables y necesitamos buscar las buenas cualidades en la persona con quien tenemos el conflicto.

Paso 5. Practica (verso 9). Lograr los cambios necesarios en tu actitud requiere de práctica. No vas a hacer todo lo correcto la primera vez, o todas las veces. Entre más se practique, llega a ser más natural. Estás siendo formado a la imagen de Jesús. Me gustaría poder decirte que yo siempre tengo éxito en cambiar mi actitud, pero estaría mintiendo. Todavía fallo. Aún practico estos pasos para cambiar mi actitud.

Ahora detente un poco. Completa los siguientes ejercicios y evalúa honestamente tus respuestas acerca de esas pequeñas cosas irritantes que pueden echar a perder un día perfectamente bueno. Ten cuidado y trata de ver más allá de una apresurada respuesta inicial sobre tus actitudes.

Hoja de trabajo de Pasando por alto una ofensa

1. En una escala del uno al diez, donde diez sería "excesivo", ¿qué tan fácilmente te ofendes?

_____

_____

_____

_____

_____

2. Cuando te ofendes, explica cómo te sientes y cómo reaccionas.

_____

_____

_____

_____

_____

3. ¿Cuáles han sido los resultados de tus elecciones?

_____

_____

_____

_____

_____

4. Explica cómo han respondido los otros ante tus acciones y actitudes.

_____

_____

_____

_____

_____

5. ¿Cómo podrías cambiar tus reacciones la próxima vez que seas ofendido? Sé específico.

_____

_____

_____

_____

_____

4 MIRA HACIA
DENTRO

❦

¡Hipócrita!, saca primero la viga de tu propio ojo,
y entonces verás con claridad para sacar
la astilla del ojo de tu hermano.
Mateo 7:5

B ob bloqueó la pantalla de su celular. Su mano temblaba,
el corazón le latía rápidamente y sus emociones estaban
encendidas. Ron, el dueño de Almacenes Quick Time, le había
amenazado con despedirlo. Bob trató de explicar por qué no fue su
culpa el haberse metido en una pelea a gritos con su supervisor delante
de un cliente. Sin embargo, en sus adentros, Bob estaba consciente de
que no había llevado los materiales necesarios al lugar de trabajo como
le habían dicho.

Durante el conflicto, es más fácil señalar con el dedo para
culpar a los otros en vez de aceptar que en realidad uno es parte del
problema. Ningún conflicto tiene solamente un lado. Toda persona
involucrada en un conflicto ha aportado algo al desacuerdo. Es
difícil responsabilizarnos de nuestra parte del problema, pero es
una elección que necesariamente debemos hacer.

Me desagrada cuando alguien dice que yo tengo la mayor parte del problema y sé que tienen la razón. Principalmente, no quiero oírlo de un empleado, de mi esposa, o de mis hijos. Todos nos sentimos igual con respecto a este punto. Alguien dijo que la única persona más insegura que un adolescente con acné es un adulto con inseguridades. Hay algo de verdad en eso, sobre todo cuando se trata de admitir la culpa.

Conoce Tus Puntos Ciegos

Con frecuencia, ni siquiera podemos ver con qué hemos contribuido al conflicto. A eso se le conoce como punto ciego: un área que no ves, incluso aunque la estés buscando. Como conductor de motocicletas, estoy muy consciente de los puntos ciegos de los automovilistas. Más de una vez he visto coches que se han cruzado a mi carril sin saber que yo estaba allí. No lo hicieron con maldad, fue solo que yo estaba en un punto ciego en su espejo. La mayoría de las personas involucradas en el juego de culpas no lo hacen con malicia: viven en un punto ciego.

Aprendamos de la lección de David, rey de Israel. Nunca vio lo serio de su amorío con Bethsabé, hasta que fue enfrentado por el profeta Natán, ni comprendía cuán defectuosas eran sus destrezas de paternidad con respecto a Absalón. Los puntos ciegos de David le causaron problemas y dolor. De estas y otras experiencias escribió un cántico, que ahora es el modelo para los que están enredados en un conflicto.

Examíname, oh Dios, y sondea mi corazón; ponme a prueba y sondea mis pensamientos. Fíjate si voy por mal camino, y guíame por el camino eterno. (Salmo 139:23, 24)

Se necesita de un trabajo de reflexión para conocer tu propio corazón y lidiar con su lado oscuro. Te reto a buscar a un amigo de confianza que esté dispuesto a comprender tus puntos ciegos. Pídele que te diga cómo pudiste haber contribuido en un conflicto reciente que él haya presenciado. Asegúrate de que haya sido solamente testigo y no parte del conflicto. Insístele en que te hable con sinceridad. Asegúrale que no te molestarás cuando te comparta sus observaciones con honestidad.

Recibe sus comentarios con la mente abierta y la actitud de quien acepta ser corregido. Si puedes evaluar y aceptar lo que te comenten verás entonces las oportunidades para aumentar tu madurez.

Controla Esa Lengua Indomable

La auto-evaluación comienza examinando las palabras que dijimos y que causaron daño. Esas palabras fueron dichas por una lengua que no hemos sabido controlar. Ya sea porque no estamos consciente de lo que sale de nuestra boca o porque no nos preocupamos por las consecuencias.

Santiago, el hermano de Jesús, escribió:

Así también la lengua es un miembro muy pequeño del cuerpo, pero hace alarde de grandes hazañas. ¡Imagínense qué gran bosque se incendia con tan pequeña chispa! 6 También la lengua es un fuego, un mundo de maldad. Siendo uno de nuestros órganos, contamina todo el cuerpo y, encendida por el infierno, prende a su vez fuego a todo el curso de la vida... Es un mal irrefrenable, lleno de veneno mortal. (Santiago 3:5-6, 8b)

Las palabras que dices insensatamente pueden contribuir al conflicto, si es que no son en sí la causa del conflicto. Tus palabras tienen la capacidad de encender o apagar las emociones. Imagínate que dejas caer un cerillo prendido y quemas un montón de hojas. A de unos cuantos metros de distancia están dos cubetas llenas: una con agua y otra con gasolina. Tienes la opción de elegir cuál vas a usar para tratar de apagar el fuego. Las consecuencias de tu elección serán totalmente opuestas una de la otra.

Cuando estés en el proceso de examinar tus palabras necesitarás fijarte en lo siguiente:

Gruñir Y Quejarte

¿Estás quejándote y buscando culpables? ¿Criticas a los otros? ¿Buscas lo que está mal en ellos e ignoras lo que es correcto?

A mi esposa, Dorothy, no le gusta mucho la cocina. Y resulta que una de mis mayores alegrías es comer. Cuando voy saliendo en la mañana hacia el trabajo y me dice que vamos a cenar tacos, comienzo a imaginarme la comida. Todo el día estoy imaginándome los tacos: el queso va primero y luego la carne, luego un poco más de queso, salsa especial para tacos, aguacates, lechuga y cebolla... rematando con otro poco de salsa, y a disfrutar. Hago muchos tacos en mi mente todo el día, y cada uno es mejor que el anterior.

Entonces, llega la hora de la cena y también llego yo a la casa. Abro la puerta y veo que no hay ni un solo indicio de tacos.

- ¿Dónde están los tacos?, pregunto.
- Ah, es que no vamos a cenar tacos hoy. Decidí preparar pescado.

"¡¿Pescado? ¿Quién quiere pescado? Quizá una foca o una marsopa, pero yo no!" Ahora tengo que tomar una decisión.

¿Me quejaré y gruñiré, o haré que de mi boca salgan palabras que traigan paz y armonía? De todos modos cenaré pescado, pero lo que todavía está por determinarse es el ambiente que habrá durante la cena. ¿Se pondrá contenta Dorothy al tenerme en casa, o deseará que me hubiera quedado en el trabajo? ¿Cenaremos en silencio o tendremos una conversación placentera para reconectarnos después de un largo día? He aprendido que mi reacción establece el ambiente que hay en el presente y el que habrá en el futuro.

Mentiras Y Verdades A Medias

A pesar de que la verdad lastime, las mentiras y las verdades a medias destruyen la confianza en la que se basa una relación importante. Las verdades a medias son tan malas como las mentiras descaradas porque pueden dañar la estructura de las relaciones. Muchas veces batallamos para decir la verdad, especialmente cuando sabemos que la verdad nos va a hacer quedar mal o cuando nos puede causar la pérdida de algo que valoramos. Sin la confianza, falta la base para resolver el conflicto.

Al estar dentro de en una relación, el hecho de revelar cómo se gasta el dinero da grandes oportunidades para decir verdades a medias. Es muy tentador regresar de la tienda de artículos de jardinería con los productos que previamente acordamos comprar y omitir mencionar la escala que se hizo en un Starbucks, donde se gastaron otros noventa pesos. O llevar el libro que mi esposa me pidió que le comprara en Amazon y no mencionarle que además compré dos libros más, sabiendo que el presupuesto es ajustado.

Chisme Y Calumnia

"Dime la verdad, ¿eres divorciado?" La pregunta me tomó por

sorpresa, y quería reírme, pero sabía que mi prometida hablaba en serio. Dorothy y yo estábamos pensando en casarnos y yo sabía que esto sería un gran estorbo en nuestra relación. Estaba asombrado y con la inquietud de saber por qué eso le preocupaba a ella, puesto que yo nunca antes me había casado. Después de una larga conversación que resolvió el asunto averigüé la razón por la cual me había hecho esa pregunta. Tal parece que en una reunión de oración para damas se había comentado sobre una situación referente a mi pasado que, por supuesto, no era cierta. El chisme por poco hace que se descarrile mi matrimonio con la maravillosa mujer que ha sido mi esposa por más de treintaisiete años.

El chisme consiste en divulgar o hablar de cosas personales acerca de alguien, que pueden o no ser ciertas, pero diciéndolas sin un buen propósito. En la historia verídica que les conté hace un momento, si la persona que compartió el chisme se hubiera tomado el tiempo para buscar pruebas, habría descubierto que yo no era casado y que el divorcio no era parte de mi historial.

Eso es lo que sucede cuando la gente se reúne en grupos pequeños para platicar de banalidades. Es mucho más interesante escuchar el chisme de alguien, que hablar de temas saludables. Hay algo en la naturaleza humana que hace disfrutable el hecho de hablar de lo peor o escuchar hablar sobre lo peor de otras personas.

Cuando hablas con falsedad y con palabras maliciosas acerca de otra persona te estás dejando envolver en la calumnia. Estas palabras son dichas con la intención de destruir la reputación de un individuo. La calumnia se usa con el deseo, aún más grande, de causar daño, y es más dañino que el chisme.

Tanto el chisme como la calumnia encuentran su inspiración en la tarea de hacernos quedar bien a nosotros mismos al humillar a las otras personas. Obtenemos una falsa y momentánea sensación de justicia propia, pero degradamos el valor de quienes nos rodean.

Platicas Dañinas

La Biblia dice claramente que no debemos ser parte de pláticas malsanas. El apóstol Pablo escribió: "Eviten toda conversación obscena. Por el contrario, que sus palabras contribuyan a la necesaria edificación y sean de bendición para quienes escuchan" (Efesios 4:29).

Existe una palabra de raíz etimológica griega que se traduce al español como malsano, y está relacionada al proceso de pudrición. Se refiere a frutas, verduras y otros alimentos podridos. Cuando hablas, ¿lo haces con palabras que causan pudrición o que son hirientes? O, ¿tus palabras provocan vida y ánimo? La Biblia nos brinda instrucciones claras al decir que nuestras palabras deben ser positivas y darle vida a otros.

Si estás casado, imagínate que estás discutiendo acaloradamente con tu cónyuge. Tú sabes cuáles son las palabras que le pueden causar una reacción, ya sea negativa o positiva. Ahora, la pregunta clave es: ¿Qué palabras vas a elegir? ¿Tus palabras traerán vida, salud y ánimo, o por el contrario, causarán muerte, pudrición y desánimo?

Pablo invita al lector a hablar solo de lo que edifica a otros. Hace énfasis en las necesidades y en la salud de la otra persona. Batallamos con esto, ¿verdad? La lucha es especialmente difícil cuando se está en el calor de un conflicto. La meta al decir palabras piadosas es beneficiar de acuerdo a las necesidades de quienes las escuchan. Examina tus palabras. ¿Están al nivel de la norma bíblica?

Decir La Verdad Con Amor

En la vida hay veces en que necesitamos hacer análisis críticos y correcciones. Aun así, existen maneras positivas de hablar con la verdad y dar ánimos. La Biblia nos dice que digamos la verdad con amor. Para eso, comenzamos teniendo una actitud de amor y preocupación por todos los que están envueltos en el conflicto. Luego dirigimos nuestras palabras hacia las acciones y decisiones que necesitan ser corregidas, y así mismo, evitamos los ataques personales.

Aceptar Las Responsabilidades Incumplidas

El incumplimiento de responsabilidades puede ser el meollo del conflicto o puede al menos aumentar la tensión de las circunstancias. Cuando te encuentras en medio de un conflicto, es muy fácil ignorar las responsabilidades a las cuales te has comprometido o que se te han asignado.

Comienza con esta pregunta: "¿He cumplido la tarea que me fue asignada de la mejor manera que puedo hacerla, y con una buena actitud?" Cuando se conteste con sinceridad, esa respuesta trae a la luz la manera en que pudiste haber contribuido al conflicto.

Cuando estuve impartiendo un seminario durante varias semanas, Toni se acercó a mí con una confesión. Ella había regresado a trabajar a un hospital después de que escuchó cosas sobre responsabilidades que había incumplido. Toni se dio cuenta de que era lenta para archivar y para hacer otras tareas. Después de reflexionar, pudo ver que todo lo estaba haciendo lento a propósito, pues esa era su forma de protestar ante un desacuerdo que había tenido con su supervisora. La actitud de Toni hizo que la insatisfacción de la supervisora creciera más, lo cual aumentó, a su vez, las fricciones dentro de la oficina.

Toni decidió aceptar su responsabilidad yendo con su supervisora y disculpándose por su actitud negativa y por las tareas que había estado dejando incompletas. Luego regresó a su área de trabajo y terminó los trabajos que tenía asignados de una manera excelente.

Reajustar Las Creencias Improductivas

Las creencias improductivas son patrones de pensamiento que nos excusan de tomar decisiones y nos deslindan de las acciones irresponsables que llevamos a cabo. Al tener creencias improductivas, evitas estar consciente y ser empático hacia los otros, y te pones a ti mismo en las condiciones perfectas para comenzar o avivar un conflicto.

Una búsqueda en Google sobre los errores del pensamiento, revela que existen muchas creencias improductivas. Aquí expongo cinco ejemplos que crean o aumentan el conflicto de una manera directa. Al examinar tus acciones, ¿en cuál de las siguientes creencias improductivas estás participando?

Suposiciones

Cuando haces una suposición estás creyendo que algo es verdad sin tener una evidencia irrefutable. Esto te pone, a ti y a quienes están a tu alrededor, frente a un gran choque de información errónea y malos entendidos. Yo veo que, tan solo este punto, es responsable de una gran parte de mi conflicto personal.

Permíteme dar un ejemplo. Si yo hago la suposición de que tú entiendes lo que digo cuándo en realidad no es así, y actúo como si fuese cierto, esa acción de parte mía puede causar que te sientas confundido y lastimado. Tu confusión se expresaría mediante una acción negativa que regresaría hacia mí. Entonces, yo me confundiría también y me sentiría herido, preguntándome qué fue lo que hice mal para causar que tú reaccionaras de forma tan negativa conmigo. Resulta que lo que yo hice fue una suposición. Ese mal entendido podría haberse evitado si cada uno de nosotros hubiésemos hecho algunas preguntas para establecer ideas claras acerca de lo que cada uno estaba pensando.

Culpar

Culpar es llamar a alguien culpable o hacerlo responsable por algo, sea o no su culpa. Cuando yo era pequeño, mi padre perdió una llave inglesa y me culpó a mí; desde ese día no me volvió a dejar jugar con la herramienta. Después de algunos meses, mientras cambiaba el aceite de su auto, encontró la llave. Él mismo la había dejado allí. Entonces, se disculpó conmigo, pero aquella situación dejó en mí una impresión tan fuerte que afectó el cómo eduqué a mis hijos. Cada vez que los culpaba por una herramienta perdida recordaba aquella llave inglesa. Me volví lento para hacer acusaciones graves. Siendo honesto, cuando llegué a extraviar mis cosas sí llegué a encontrar algunas de mis herramientas donde yo las había dejado. Lección: ten cuidado antes de culpar a otros.

Actitud Pretenciosa

Cuando te miras a ti mismo y crees que estás viviendo con una serie de reglas diferentes a las de los otros, tienes una creencia improductiva. Crees que de alguna forma eres diferente o especial y que mereces privilegios especiales. Nadie quiere ser común, pero debes darte cuenta que desde una perspectiva general, no eres único, en el sentido de tener derechos especiales.

Cuando juegas al "yo soy único" estás creando un terreno fértil para los celos y los resentimientos. Mientras que los otros batallan con tus sentimientos de superioridad, los roces pueden subir de tono fácilmente y convertirse en confrontaciones, lo cual puede explotar en un conflicto a gran escala. A nadie le gusta que tomes ventaja de una situación a costa de ellos al pedir privilegios especiales para ti mismo.

Hacerte La Víctima

Cuando crees que eres la víctima también crees que los otros deben sentir pena por ti y que deben rescatarte. Si ellos no responden como tú lo esperas, te enojas. Esta reacción prepara el escenario para que tengas arrebatos al sentirte ofendido y enojado.

Yo le un di consejo a un hombre que luchaba contra su adicción al alcohol y a las drogas. Cada vez que reincidía se lo atribuía a otras personas. Por lo general, culpaba a los tipos que hablaban sobre ir a la cantina después del trabajo, influyendo en él para que fuera por una bebida antes de llegar a casa.

Auto-culpa

Cuando realmente crees que todo es tu culpa o que tú eres el problema, estás dentro de una trampa de auto-culpa. Aquí tú eres el problema, y nadie más. Se te hace fácil ponerte a la defensiva y atacar para protegerte. Esta manera defensiva de actuar puede llevar a los otros a guardar silencio o a optar por no tener nada que ver contigo, a menos de que sea absolutamente necesario. Cuando esto sucede todos tienden a estar al borde de la tensión, y cualquier mal paso puede provocar discusiones y sentimientos lastimados.

La introspección requiere que nos hagamos algunas preguntas difíciles. Debemos ser muy honestos cuando contestemos ese tipo de preguntas. Ya sea que pidamos la ayuda de otros, o que lo hagamos solos, debemos estar por encima de culpar y tenemos que aceptar la responsabilidad personal por nuestras acciones. ¿Somos culpables de hablar irresponsablemente o de evitar las responsabilidades? ¿Hacemos mal las cosas o somos guiados por un sistema de creencias improductivas?

Date un tiempo para la auto-evaluación antes de pasar al siguiente capítulo. Incluí la siguiente hoja de trabajo para ayudarte a realizar este ejercicio. No se te olvide buscar a un amigo de confianza que pueda ayudarte con los puntos ciegos.

Hoja de auto-evaluación
1. En un conflicto reciente o pasado, ¿has contribuido diciendo cosas con una lengua que aún no ha sido controlada?

_____

_____

_____

_____

2. ¿Cuál fue el resultado de hablar con esa lengua no controlada? Sé específico y enumera todas las consecuencias posibles.

_____

_____

_____

_____

3. Si estuvieras en el lugar de la otra persona, ¿cómo hubieses reaccionado a lo que dijiste?

_____

_____

_____

_____

4. ¿Cómo has contribuido a un conflicto, sea reciente o pasado, por no cumplir con tus responsabilidades o por tener una creencias improductivas?

_____

_____

_____

_____

5. ¿Qué consecuencias, negativas o no intencionales resultaron de ello?

_____

_____

_____

_____

_____

6. ¿Cuáles de las creencias que tienes han contribuido a empeorar tus conflictos? Ahora escribe una nueva creencia, una nueva manera de pensar acerca de ti mismo o acerca el conflicto, la cual dé como resultado bajar los niveles de tensión.

_____

_____

_____

_____

_____

5 TOMA EL CONTROL DE TU IRA

"Si se enojan, no pequen. No dejen que el sol se ponga estando aún enojados, ni den cabida al diablo".
Efesios 4:26-27

El reloj había marcado apenas unos minutos después de mediodía y la congregación iba saliendo del templo. Una madre soltera luchaba contra la multitud tratando de acercarse frente al santuario donde estaba el pastor. Necesitaba ayuda con su hijo adolescente. John había estallado en ira contra su hermana y había hecho un hoyo con el puño en la pared de la sala. Su ira estaba empeorando progresivamente. La madre estaba desesperada.

¿Qué tiene en común este joven iracundo con Moisés, el Rey David, Jonás, Elías, Jesús, Dios y contigo? La respuesta es: ira. Estás en buena compañía cuando se trata de la ira. La Biblia nos habla de las muchas situaciones donde Dios se ha enojado. A lo largo de los siglos, Él ha tenido relación con muchas personas difíciles. Eso es bastante como para poner a prueba la paciencia.

Moisés se enojó con el pueblo de Israel cuando regresaron a la idolatría y adoraron al becerro de oro, poco después de salir de Egipto. Él fue aislado durante un tiempo de la Tierra Prometida, no por su ira, sino por su frustración y sus reacciones impulsivas. En un momento de ira, Moisés desobedeció a Dios. Se le encomendó hablarle a una roca para buscar agua. En vez de eso, la golpeó así como lo había hecho anteriormente, pero sin el permiso de Dios (Éxodo 17:1-7; Números 20:1-31). Cuando llegó la hora de entrar a la Tierra, Dios no lo permitió como castigo por su desobediencia. Murió solo en una montaña, contemplando la Tierra Prometida, y posiblemente, recordando con remordimiento aquel momento de ira, el cual le costó su sueño.

En la historia de Bethsabé, el rey David se enojó sin darse cuenta de que él mismo era el objeto de su propio enojo. Cuando el profeta Natán le compartió la historia de una oveja que había sido robada su ira se encendió contra el ladrón. Después Natán le reveló a David que él, David, era el ladrón. La propia ira de David le abrió los ojos a la pecaminosidad de sus acciones.

Jonás se enojó contra Dios. Elías se enojó con unos muchachos que le llamaron calvo. Jesús se enojó contra los líderes religiosos. Y Dios se enojó contra muchas personas por no confiar en Él.

La Ira Es Un Asesino

En la Revista Americana de Epidemiología (The American Journal of Epidemiology) se publicó un artículo sobre las personas iracundas y cómo ese temperamento le causa un gran riesgo a su salud cardiovascular.i Los estudios revelan que los hombres que interrumpen a otros cuando están a la mitad de sus frases, así como aquellos que tienen una sensación de irritación súbita cuando se les interrumpe, podrían tener en un nivel más alto de riesgo de padecer enfermedades del corazón.ii En los Estados Unidos, por lo menos 36.000 personas tienen infartos cardiacos cada año provocados por la ira.iii Los sentimientos crónicos de ira, hostilidad y agresión incrementan el riesgo de enfermedades coronarias cinco veces más de lo normal. ix También hay evidencia que las personas hostiles tienen un sistema inmunológico más débil.v

Y sigue la lista de estudios, observaciones y otras evidencias empíricas que prueban que la ira mata. El colesterol, la presión arterial alta, la apoplejía y la cantidad de placa arterial en el sistema sanguíneo se incrementan por el estrés y la ira. Es hora de afrontar de lleno a la ira y hacer algunos cambios en el de estilo de vida.

¿Qué Es La Ira?

BENEFICIOS	DESVENTAJAS
INICIA LA COMUNICACIÓN	MATA LA COMUNICACIÓN
ALERTA A OTROS SOBRE LOS PROBLEMAS	OCULTA LOS PROBLEMAS
ABRE LA PUERTA A LA SOLUCIÓN	IMPIDE LA SOLUCIÓN
CONDUCE HACIA LA PAZ	CREA MIEDO Y DESCONFIANZA
CAUSA RESTABLECIMIENTO DE LAZOS	CAUSA DESCONEXIÓN
TRAE JUSTICIA	CAUSA INJUSTICIA

La ira es un sentimiento fuerte de enojo, disgusto, u hostilidad. Es una emoción secundaria, causada por un evento o circunstancia externa. La ira es una respuesta emocional normal que no es considerada moralmente correcta o incorrecta. Llega a ser moralmente correcta cuando motiva hacia decisiones y acciones positivas, tal como lo es el corregir una injusticia. La ira es moralmente incorrecta cuando sus resultados son negativos o dañinos.

Cuando la ira es usada correctamente tiene beneficios constructivos. El dirigir la energía de la ira hacia decisiones y acciones positivas puede ser muy beneficioso. Aquí están algunos de los beneficios y desventajas del uso de la ira.

El apóstol Pablo indicó a los Colosenses deshacerse de la ira y de la furia (Colosenses 3:8). Pablo usó dos palabras griegas diferentes en esta frase. La palabra griega para ira (orge) describe un sentimiento interior más establecido y duradero que la ira. Esta palabra se usó cuando Jesús se enojó con los Fariseos en la ocasión en que sanó al hombre de la mano seca en el Sabbath (Marcos 3:5). Si este tipo de ira no se resuelve, puede cocinarse a fuego lento y luego estallar en actos violentos de venganza.

La palabra para furia (thumos) se refiere a un estallido súbito de furia. Aun cuando esta ira es explosiva, también es del tipo que se aplaca igual de rápido. Sin embargo, cuando eso sucede, por lo general el daño ya está hecho. El Nuevo Testamento describe esta clase de ira como una luz negativa cuando se le asocia con la gente.

Ira Justificada E Injustificada

La Biblia presenta la ira justificada y la ira injustificada. Moisés sintió ira justificada hacia el pueblo de Israel después de que crearon al becerro de oro para adorarlo mientras él estaba en la montaña recibiendo los Diez Mandamientos de Dios (Éxodo 32:19). Jonatán sintió ira hacia su padre, el Rey Saúl, por maltratar a David (1 Samuel 20:34). Ambas circunstancias involucraron ira justificada.

El Rey Saúl y Jonás fueron culpables de ira injustificada. La ira del Rey Saúl contra David fue motivada por el temor y los celos (1 Samuel 18:8). El profeta Jonás sintió ira cuando la gente pecadora de Nínive se arrepintió y se volvió en contra de Dios (Jonás 4:1-3). Su motivación fue egoísta porque no se hizo lo que él quería, es decir, la destrucción de Nínive.

¿Qué es lo que hace que la ira sea justificable o injustificable? La respuesta se encuentra examinando la ira de Dios. Él se enoja por tres razones básicas: la injusticia, la idolatría y la traición. La mayor parte del tiempo, tú y yo nos enojamos porque se ha herido nuestro orgullo o porque no se han cumplido nuestros deseos. Esa es la diferencia que separa a la ira justificable de la ira injustificable. Ilustraré estas tres cualidades de la ira justificable.

La injusticia. Recuerdo cuando escuchaba un programa en la Radio Pública Nacional que trataba acerca de una persona que estaba enojada por la injustica que se le estaba ocurriendo a los ilegales en el país. En Texas, los agricultores estaban ocupando a inmigrantes ilegales para trabajar los campos sin pagarles un sueldo. Los agricultores sabían que los trabajadores no podían denunciarlo ante las autoridades por temor a ser deportados. Esta persona estableció una coalición que incluía al alguacil, a oficiales de condados y ciudadanos interesados en el tema. Establecieron una organización no-gubernamental para trabajar con los obreros y asegurar que se les pagara lo que se les debía. Esto evitó que los agricultores tomaran ventaja de los inmigrantes ilegales.

Comprendo que la inmigración ilegal es un tema controversial, pero la injusticia es la injusticia. Dios habla claramente acerca de tomar ventaja del pobre y de aquellos que están indefensos. Esta es una injusticia social y es bastante fácil ver por qué Dios se enojaría.

Aquí está otro ejemplo que quizá sea pertinente:

Cuando estaba impartiendo en un seminario en una iglesia en Colorado, Luke, (la persona encargada del programa) compartió su historia conmigo. Luke tenía un hijo en el equipo de basquetbol de la preparatoria, a quien no le estaban dando suficiente oportunidad para jugar en la cancha. Luke fue con el entrenador y le dijo que estaba cometiendo una injusticia con su hijo porque no le permitía jugar más tiempo. El entrenador le respondió con una pregunta: "¿Por qué no viniste el año pasado cuando el hijo de alguien más era el que no estaba jugando lo suficiente?".

Somos prontos en defender las injusticias que se hacen contra nosotros o contra nuestros seres amados. ¿Estamos dispuestos a enfrentar las injusticias hechas en contra de aquellos con quienes no tenemos un vínculo personal?

La idolatría. Una sencilla definición de idolatría es adorar a alguien o algo a la par o primero que a Dios. Es cualquier cosa que elijas que se interponga entre tú y Dios. Mucha de la idolatría en el Antiguo Testamento no era un rechazo definitivo hacia Dios, sino que algo se hacía al mismo tiempo que la adoración a Dios. Vivimos en una cultura que está repleta de adoración a ídolos. No es que hagamos totalmente a un lado a Dios, sino que, simplemente, agregamos muchas otras cosas que lo alejan del primer lugar. Recuerdo a un hombre que asistía con devoción a la iglesia hasta que comenzaba la temporada de futbol americano. Él se desaparecía hasta que terminaba la temporada. Al terminarse la temporada, su asistencia era otra vez impecable. ¿Adoración idolátrica? Tú decides.

La traición. La clásica ofensa aquí consiste en no cumplir nuestra promesa o compromisos. En el Antiguo Testamento hay una historia poco conocida acerca de los Gabaonitas, quienes vivían aproximadamente a seis millas de lo que hoy es Jerusalén, y decían vivir en una tierra lejana. Cuando Israel entró a la Tierra Prometida para conquistarla, los Gabaonitas, por medio de engaños y mentiras, hicieron un convenio con Josué para proteger a su gente de la destrucción (Josué 9:15-21). Cuando se descubrió el engaño, Josué los convirtió, de por vida, en esclavos y recolectores de leña, de tal modo que pudiese cumplir con su palabra de no matarlos.

Durante el reinado del rey David hubo una sequía de tres años y David pidió la ayuda del Señor. Salió a la luz que David había quebrantado el pacto que Josué había hecho con los Gabaonitas. Esta traición provocó sequía y trajo hambruna. Para corregir esta traición, David fue con los Gabaonitas a hacer bien las cosas. Los Gabaonitas le pidieron a unos hijos de Saúl para ejecutarlos, y Josué les concedió su petición (2 Samuel 21).

Expresar La Ira

Hay una forma aceptable y una inaceptable para expresar la ira. La Biblia nos da dos muy buenos ejemplos sobre la ira aceptable y la manera en que se expresó.

En el primer ejemplo, tenemos a José, quien estaba viviendo exiliado en Egipto y trabajaba para un hombre llamado Potifar. La esposa de Potifar trató de seducir a José, pero él se escapó dejando su manto. Ella dijo que José había tratado de violarla. Desde el punto de vista de Potifar, había una razón justificada para sentir ira en contra de José, aunque lo que no sabía era que sus razones estaban basadas en una mentira. En vez cobrar venganza personalmente, el furioso oficial egipcio respondió correctamente, poniendo a José en la cárcel de acuerdo al sistema judicial (Génesis 39)

En el segundo ejemplo está Dina, hermana de Simeón y Leví, hijos de Jacob. Dina, fue violada por un hombre llamado Siquén. Esto les dio a ellos una razón justificable para sentir ira. Por medio del engaño y la venganza se las arreglaron para que los hombres de aquél lugar fueran circuncidados. Luego, al tercer día, cuando aún estaban incapacitados por el dolor, Simeón y Leví atacaron la ciudad y mataron a todo hombre (Génesis 34). Esta respuesta fue completamente inaceptable. Es más, eso le causó tanto enojo a Dios que después Él maldijo sus acciones a través de Jacob (Génesis 49:6, 7).

No basta con saber la diferencia entre ira justificable e injustificable. Es igual de importante saber cómo tratar con tu ira. Existen hombres que viven tras las rejas de una cárcel, ya que, por alguna razón, sintieron una ira justificable, pero no supieron cómo expresarla correctamente. Se requiere de práctica para manejar esos pequeños enfados y momentos leves de ira, y desarrollar así la destreza para responder correctamente cuando la ira es justificada e incontenible.

¿Cuándo Es Que La Ira Se Convierte En Un Problema?

Hazte estas preguntas para identificar si la ira es un problema en tu vida.

¿Es frecuente?

¿Es demasiado intensa?

¿Se ha convertido en un estilo de vida?

¿Te dejas llevar por la agresión?

¿Es destructiva para tus relaciones?

Existen muchos sistemas para manejar tu ira. Algunos son simples acercamientos al uso del sentido común, mientras que otros son procesos sofisticados que requieren de una buena memoria. Yo diseñé un plan sencillo que es fácil de recordar y de poner en práctica.

La clave para lidiar con tu ira se encuentra en tomar la decisión correcta. Tengo una repisa llena de libros que tratan sobre la ira, y el 90 por ciento de ellos están de acuerdo con esta premisa: la ira es una elección. Quizá sientas que el enojo llega a ti mucho antes de tener la oportunidad de tomar esa decisión. No es cierto. Déjame explicar la razón por la cual, quizá, tú crees que es así.

Durante muchos años, y en muchas circunstancias diferentes, tú has elegido enojarte. Desde temprana edad descubriste que la ira te da poder y que con ese poder puedes controlar a la gente y las situaciones.

A través de los años, tus elecciones se han convertido en hábitos y ahora parece que la ira forma parte de tu naturaleza. Te has convertido en una persona que vive habitualmente enojada. Has formado un estilo de vida en el cual te creaste el hábito de elegir la ira, sin pensarlo. Ahora el problema es que ya no alcanzas a ver el momento de la elección. Automáticamente eliges enojarte, por costumbre.

¿Cuál es la respuesta? Encuentra el momento de la elección y comienza a tomar nuevas decisiones. Seminario tras seminario, observo que los asistentes que comienzan a buscar ese momento de elección sí empiezan a verlo. Así es como realmente sucede. Al final de la primera tarde, después de enseñarles acerca de la ira, oro para que los asistentes tengan la oportunidad de ver ese momento y puedan comenzar a hacer nuevas elecciones.

Al día siguiente les pido que me cuenten su experiencia. Invariablemente, escucho testimonios de personas que tuvieron la oportunidad de enojarse y de reconocer el momento de la elección. Algunos lo ven por primera vez en muchos años, y otros siguen confesando que volvieron a hacer una mala elección. Siempre canto victoria por ellos. Puede que hayan fallado en hacer una nueva elección, pero ya vieron de nuevo el momento, quizá por primera vez en años. Tomaron la iniciativa para, al menos, considerar elegir la respuesta apropiada en un momento de ira. Eso es una victoria.

Tres Elecciones Nuevas

Toma tiempo romper un hábito y establecer uno nuevo. El proceso para romper el hábito de la ira comenzará cuando busques el momento de tomar una mejor decisión. ¿Cuáles son esas decisiones o elecciones que debes hacer? El formar un nuevo hábito para cuando te enfrentes con la frustración requiere de tres elecciones positivas que son directas y fáciles de recordar.

Dale la espalda a las reacciones destructivas. No me refiero a que te niegues a verlas, sino a que hagas una elección nueva donde digas: "No necesito explotar y destruir a los que están a mí alrededor". El Salmo 37:8 nos dice: "Refrena tu enojo, abandona la ira".

Acepta tus emociones y díselas a Dios. Él está muy consciente de tu estado emocional. Dirigirte a Dios te brinda la oportunidad de tener a alguien con quien puedas desahogarte en el calor del momento, sin dañar a otros. Una y otra vez vemos al salmista dirigirse a Dios con sus quejas. Un ejemplo clásico es el Salmo 52, donde David se desahoga con Dios después de haber sido traicionado por Doeg, el edomita.

Cambia tu percepción de las circunstancias. Recuerda quién gobierna al universo. Dios todavía tiene el control. Y no está caminando de aquí para allá, tronándose los dedos mientras piensa qué hacer en tu situación. Él aún gobierna. Y otra vez, el salmista nos compartió de su intemporal sabiduría cuando escribió,

Guarda silencio ante el Señor y espéralo con paciencia; no te irrites ante el éxito de otros, cuando lleven a cabo sus planes malvados. (Salmo 37:7)

Este salmo resume poderosamente la receta del Antiguo Testamento acerca de contarle al Señor sobre la ira y la frustración. Esto nos enseña cómo dejar que nuestra comprensión de quién es Dios reestructure nuestra perspectiva y también nuestras emociones.

Para hacer estas tres sencillas elecciones necesitarás establecer intencionalmente algunas disciplinas. Acciones que tendrás que haber pensado y escogido bien, cuando te enfrentes con el momento de elegir. Tus acciones van a ser diferentes a las mías y necesitan ser elaboradas antes de que puedas usarlas instintivamente, y así te permitirán la libertad de hacer las elecciones necesarias para vencer tu ira sin que destruyas a los que te rodean.

Personalmente, tengo una poderosa manera de hacerlo que me ayuda. Hablo con dos o tres personas, dependiendo de la situación. El orden podrá variar, pero las conversaciones son auténticas. Clamo a Dios pidiendo Su ayuda y le dejo saber cómo me siento. Sostengo una conversación franca conmigo mismo. Si es necesario, le digo a diablo que se largue porque no me va a arruinar el día ni va a destruir mi relación con los otros. Permíteme ejemplificar cómo sucede esto en mi vida:

Era un sábado por la mañana e íbamos a la playa a pasar el día. Mi esposa estaba sentada a mi lado en el asiento de adelante y mis dos hijos menores, en el asiento de atrás. Ellos se estaban comportando como niños normales y discutían sobre asuntos tan insignificantes que ya ni recuerdo de qué se trataba. Mi ira se encendió y me volteé rápidamente para resolver el escándalo. Los niños me miraron sorprendidos y con los ojos bien abiertos: sabían lo que estaba por suceder. En ese momento elegí no arruinar el día. Me di la vuelta de nuevo hacia mi lugar. Agarrándome del volante, tuve una rápida discusión conmigo mismo en voz alta.

- Bill, no arruines este día.

Luego cambié la conversación dirigiéndome al diablo: "Satanás, no vas a ganar. Rehúso dejar que arruines mi día de descanso y nuestro día en la playa".

Finalmente, hablé con Dios diciéndole: "¡Gracias, Dios, por ayudarme!" Fue así de rápido y sencillo, pero funcionó.

Ahora veamos los dos posibles resultados que pude haber obtenido ese día: Si hubiera explotado, mis hijos aún me amarían, pero habría herido sus espíritus y dejado grabado en sus mentes un recuerdo imborrable. Mi esposa se hubiese ido agarrada con fuerza de la puerta del lado del pasajero, esperando con temor el próximo estallido de ira. Habría conducido a la playa en un auto donde el silencio fuese ensordecedor y con un ambiente lleno de ansiedad y arrepentimiento.

El resultado real fue muy positivo. Pasamos un gran día juntos. Mi esposa estaba orgullosa de mí ¡y yo había hecho un depósito de amor en su banco! Para mí esto significó el reforzar una gran lección que he compartido a través de todo el mundo:

la ira es una elección.

El libro de Proverbios contiene algunas cosas clave, sumamente importantes, acerca de la ira. Quiero compartir contigo un concepto muy poderoso, que a su vez, es mi proverbio favorito sobre la ira: "Más vale ser paciente que valiente; más vale dominarse a sí mismo que conquistar ciudades" (Proverbios 16:32).

El Poder De Elegir

¿De dónde proviene el poder para hacer nuevas elecciones? ¿Auto-disciplina? ¿Voluntad propia? No, proviene de la libertad que nos fue dada a través de la cruz de Jesús.

En Romanos, capítulos 6–8, Pablo nos dijo que el pecado es nuestro señor, y que nosotros elegimos seguir la naturaleza pecaminosa. Si estamos en Cristo, entonces somos partícipes de Su muerte y su resurrección, lo cual nos libera de ser esclavos del pecado y de las elecciones pecaminosas. En Cristo, ya estamos vivos para Dios y somos libres para hacer nuevas elecciones en cuanto a la manera en que vivimos. Esta es la principal diferencia entre los cristianos y los no cristianos al tratar con la ira. Los cristianos también tienen acceso al poder del Espíritu Santo que habita en el interior, quien nos da una nueva manera de vivir. El cristiano ya no es dominado por el poder del pecado y de la ira, sino que es libre de hacer nuevas elecciones, mientras que el no cristiano depende totalmente de la auto-disciplina y la voluntad propia para controlar la ira, lo cual tiene sus límites.

Como instructor titulado sobre el tema de la ira, he visto cómo muchas personas se transforman cuando le encomiendan sus vidas a Cristo. Su lucha contra la ira es eliminada completamente o disminuida hasta un punto en el que pueden hacer elecciones sencillas sobre cómo manejarla.

Toma unos cuantos minutos y completa la siguiente hoja de ejercicios. Pon atención a los cambios necesarios que te prepararán para hacer las elecciones correctas.

Hoja de ejercicios sobre la ira
1. Describe tu reacción típica cuando te enojas.

_____

_____

_____

_____

_____

2. ¿Qué disciplinas tienes en tu vida que te ayudan a tratar con la ira?

_____

_____

_____

_____

_____

_____

3. Explica cómo estas disciplinas te han ayudado a enfrentar la elección de enojarte o no enojarte.

_____

_____

_____

_____

_____

_____

4. ¿Qué cambios podrías hacer que te ayudaran a elegir correctamente cómo manejar tu ira?

_____

_____

_____

_____

_____

6 PRACTICA EL ABC DE LA CONFESIÓN

Quien encubre su pecado jamás prospera;
quien lo confiesa y lo deja, halla perdón.
Proverbios 28:13

Charlie no podía hacerlo. Estaba bajo la intensa presión de confesar que había mentido. Las palabras no le llegaban a la mente. Había ocurrido una confusión al ordenar quince mil dólares de material para construcción. Él no solo había pedido el material equivocado, sino que además mintió para cubrirse. En vez de confesar su falta, Charlie culpó a alguien más. De hecho, Charlie siempre encontraba a quien culpar cuando cometía un error. Pero esta vez lo habían descubierto y no podía resignarse a confesar que había mentido.

Así como Charlie, muchos de nosotros no queremos confesar nuestro pecado, especialmente mientras estamos en el calor del conflicto. Sin embargo, la confesión es un paso clave para manejar los problemas de una forma redentora. Es difícil, pero necesario. Muchas personas no saben cómo confesar apropiadamente un pecado porque les falta un ejemplo correcto. Si bien nunca es agradable confesar el pecado, es una manera de sanar y nos da las bases para las llevar a cabo las siguientes acciones.

Un domingo reciente se me acercó una madre después del servicio de la mañana. Tenía una mirada de preocupación en el rostro y estaba nerviosa. Las primeras palabras que salieron de su boca fueron: "Necesito pedirle que me perdone, he estado muy enojada con usted. Dios me ha condenado y necesito pedirle perdón". Yo sabía la razón de su enojo. Me había rehusado a casar a su hija bajo cierta situación presente. Hablamos, y aunque no estaba contenta con mi decisión, pudo liberar su enojo y recuperamos nuestra relación. El siguiente domingo le pregunté cómo se sintió después de nuestra conversación de la semana pasada. Rápidamente me contó sobre la sensación de libertad y de sanación que había experimentado. La confesión es terapéutica.

Después de que hayas pasado por un período de auto-examinación y hayas descubierto que tú también has contribuido con acciones y actitudes para el conflicto es importante tomar el siguiente paso. Es tiempo de confesar que tus acciones y actitudes son pecaminosas. En el mundo de hoy pocas personas se responsabilizan como requieren las Escrituras (Proverbios 28:13, Santiago 5:16). El pecado siempre necesita ser confesado o puede llegar a ser una fuente de dolor y de relaciones quebrantadas.

Confesar el pecado suena fácil, pero una confesión que promueve sanación necesita ciertos componentes que muchas veces faltan. Si no tienes cuidado, incluirás elementos que destruyen la efectividad de tu confesión. Seamos claros: muchas confesiones se tratan solo de balbucear "lo siento" sin una explicación clara de las faltas cometidas. Mientras tú solo lo lamentas no hay una clara comprensión del dolor que causaste. Una confesión poco clara puede ser peor que no confesar porque deja la impresión de una falta de sinceridad.

Acepta La Responsabilidad

El primer ingrediente, y que además es un elemento clave de una confesión firme, es aceptar la responsabilidad. Todos los otros aspectos apuntan hacia una genuina aceptación de la responsabilidad por el dolor o el daño causado debido a tus acciones.

Claramente recuerdo haber aprendido algo acerca de aceptar la responsabilidad una noche, cuando tenía dieciséis años. Había comprado mi primer auto y me creía la gran cosa. Saqué a mi novia a dar la vuelta y quería impresionarla con lo genial que era. Pisé el acelerador hasta el fondo y metí todas las velocidades. Al ver por el espejo retrovisor noté que me seguía un auto con luces rojas que resplandecían. Estaba a punto de irme con una infracción por echar carreras y por exceso de velocidad, al ir a 97 kilómetros por hora en una zona donde solo se permitían 48 kilómetros por hora. Sabía que estaba en problemas, no solo con la ley sino con mis padres. ¡Tenía miedo porque mi expectativa promedio de vida muy pronto se iba a poder contar en minutos y no en años! Mientras estuve de pie junto a mi coche, esperando ese pedazo de papel amarillo, algunas lágrimas rodaron por mis mejillas. Esperanzado en que me tuvieran un poco de compasión, lo único que conseguí fue un sermón acerca de aceptar la responsabilidad por mis acciones. Nunca se me olvidó ese regaño.

Evita Desplazar La Culpa

Cuando aceptas tu responsabilidad significa que no estás culpando a alguien más. La mayoría de las personas juegan el juego de desplazar la culpa. Para poner alto a este juego necesitas evitar el uso de palabras que desplacen la culpa, tales como: "Si tan solo", "pero" y "quizás".

Las palabras si tan solo, pero y quizá realmente son una

manera de decir "Bueno, en cierto modo, como que, en realidad no fue mi culpa". Al usar estas palabras estás echando a perder lo que podría ser una buena confesión. Estas palabras minimizan tu compromiso personal para aceptar la responsabilidad.

La palabra PERO es especialmente dañina. Tiene la extraña habilidad de anular todas las palabras que le anteceden. Por ejemplo, pueda que digas: "Lamento herir tus sentimientos, PERO realmente me molestas", o, "debí haber mantenido la boca cerrada, PERO tú lo quisiste así", o, "sé que estaba equivocado, PERO tú también".

Cuando haces una aseveración así se le da más peso a las palabras que le siguen al "pero" que a la primera confesión de la culpa. Eso destruye cualquier oportunidad de hacer una confesión sincera que traiga bienestar y solución.

Para ilustrar este principio, te hablaré sobre uno de los encuentros con mi pastor de jóvenes, Stan.

Yo estaba trabajando con mi secretaria una mañana cuando Stan entró a mi oficina. A mí me gustan las camisas de colores vibrantes y me las pongo con frecuencia. Stan comenzó a hacerme un cumplido por la camisa que llevaba puesta ese día, "Esa es una bonita camis...". Lo paré a la mitad de la frase y le dije bruscamente: "No lo digas". Stan, sin darse cuenta de lo que estaba pasando por mi mente, repitió su cumplido: "Esa es una bonita camis...". Lo interrumpí con una mirada fría y con unas palabras aún más frías: "No vuelvas a decir eso". Ahora bien, Stan es inteligente, y sin duda, supo que lo mejor era salir de mi oficina. Se dio la vuelta y regresó a su oficina.

Instantáneamente me di cuenta de que había dicho algo incorrecto y que estaba equivocado. Más tarde, ese mismo día, fui a la oficina de Stan para hablar con él. Comencé diciendo: "Necesito decirte que siento mucho el comentario que te hice hace rato. Estaba equivocado. ¿Me perdonas?" Stan, bondadosamente, me contestó: "Claro".

Permíteme contarte algunos detalles de lo que estaba pasando por mi mente cuando pensé en esa disculpa. Stan tenía un sentido del humor único, y a veces, cuando me decía cosas acerca de mi vestuario era un poco sarcástico. Cuando Stan entró a la oficina y empezó a decir algo acerca de mi ropa yo estaba susceptible a lo que pudiera comentar y reaccioné instantáneamente.

Ahora déjame explicarte lo que realmente quería decirle a él: "Stan, realmente siento lo que te dije, PERO si tú no te hubieses burlado de mi ropa anteriormente, yo no te habría dicho eso".

Aquí está la verdad. No importa lo que Stan dijo anteriormente, yo estaba equivocado. Necesitamos responsabilizarnos de nuestro pecado. Cuando estés equivocado, responsabilízate. Yo necesitaba reconocer mis palabras y no culpar a Stan. Quería continuar con una relación positiva con Stan porque era un buen pastor de jóvenes y tenía grandes deseos de hacer una diferencia en las vidas de los adolescentes. Es importante preservar las relaciones y mantener el espíritu de los otros accesible hacia ti.

Sé Rápido En Confesar Que Te Equivocaste

Tomar el camino cuesta bajo y el humillarte es doloroso. Pero, es una acción que te hará ganar. Jesús dijo que quienes se humillen, Dios los enaltecerá (Mateo 23:12, Lucas 14:11; 18:14). No solo nos dio esta revelación, sino que lo demostró siendo humilde él mismo (Filipenses 2:5-11; 1ª Pedro 5:5-6).

Al pedir disculpas asumes la responsabilidad y confiesas que estás equivocado. Cuando tu pecado sale a la luz, tienes la oportunidad de aprender sobre la humildad al ir con todos los involucrados y pedirles disculpas sinceramente. La meta principal de esa disculpa es sanar las heridas que les has causado a los otros. No juzgues la efectividad de tus palabras por cómo te sientas después. El propósito de pedir disculpas es ayudar a la otra persona a encontrar la sanación. No es para que tú te sientas mejor. La medida para juzgar la efectividad de la disculpa es el nivel de sanación que la otra persona experimenta.

¿Qué es una disculpa exactamente? Es una expresión de dolor o remordimiento por herir los sentimientos de otra persona. En una disculpa genuina es importante reconocer que comprendes cómo heriste a la otra persona. Es importante que ellos sepan que tú entiendes sus sentimientos y cómo los has impactado negativamente. Una vez que se dan cuenta que te arrepientes de tus acciones, por lo general, estarán listos para seguir adelante con el proceso de recuperación.

Una disculpa convincente necesita ser específica y clara. Para mantener la claridad, asegúrate de hacerlo en primera persona. Di: "siento mucho haberte lastimado", en vez de: "siento mucho que estés lastimado". Esto comunica que te responsabilizas por tus acciones y que no estás culpando a nadie más o evadiendo tu responsabilidad.

Una disculpa convincente contendrá hasta tres componentes específicos: actitudes, palabras y acciones. Echemos un vistazo a cada uno, por separado.

Actitudes

Aunque las actitudes son internas, están expuestas al mundo. Lo que tú piensas que está bien escondido, en realidad se ve como un letrero de neón que brilla hacia los que están a tu alrededor. Puedes tratar de encubrir una actitud pecaminosa, pero inevitablemente saldrá a la luz. Una disculpa reconoce todo eso y lo trata de frente.

Tu disculpa puede ser así: "He tenido una actitud equivocada hacía ti y Dios me ha dado la certeza de mi pecado. Necesito pedirte que me perdones". Esto es un claro reconocimiento de que tú sabes que tu actitud es incorrecta y que es un pecado.

Cuando mis hijos eran pequeños, muchas veces llegaba a casa frustrado y de mal humor por el trabajo. Uno de mis hijos tenía la costumbre de perder su tarea. Una y otra vez le decía que la pusiera donde no se le fuera a perder. A veces, los enojos del día chocaban con su falta de memoria. En esos momentos mi actitud era menos que ideal. Yo explotaba y reaccionaba desproporcionadamente. Muchas veces he aplastado los ánimos de mis hijos solo por tener una actitud egoísta. He tenido que detenerme y pedir disculpas por mis reacciones. Les he enseñado bien a mis hijos (con el ejemplo) a cómo pedir disculpas, a pesar de mí mismo.

A través de los años hubo numerosas ocasiones en las que mis hijos se comportaron de formas que necesitaron ser afrontadas, pero de una manera amorosa y correctiva. Lo que no merecían era que desquitara mis frustraciones del trabajo con ellos. Cuando estés equivocado, responsabilízate de tu pecado; evita desplazar la culpa o desquitar tus frustraciones con los otros. Aun cuando los otros tengan algo de culpa, tú debes aceptar la responsabilidad por tus actitudes.

Palabras

Las palabras se pueden usar de maneras muy dañinas cuando interactuamos con otros. El viejo refrán que dice: "palos y piedras pueden romper mis huesos, pero las palabras no me harán daño", tiene defectos graves. Las palabras sí dañan y causan un gran dolor. Es imperativo que trates cualquier palabra dañina que hayas dicho.

Como marido, llego a decirle cosas hirientes a mi esposa.

He visto cómo su semblante se desmorona después de escuchar mis palabras. He aprendido a aceptar la responsabilidad por mis palabras hirientes y a pedirle perdón. Con el paso del tiempo, esto ha producido una relación que no lleva la cuenta de las palabras o situaciones hirientes.

Como conferencista estoy en un mayor riesgo de cometer errores con las palabras que la mayoría de la gente, y muchas veces he metido la pata. Digamos que conozco muy bien el sabor de la equivocación. La mayoría son errores simples que me avergüenzan y que no causan daño. Sin embargo, hay veces en que llego ofender y herir en plena sesión. Cuando lo dices en público, debes disculparte en público.

Durante los últimos años de vida de mi madre, ella asistió a la iglesia donde yo era pastor. En aquel tiempo, ella tenía ochentaicinco años y era la persona más anciana en la congregación. Tenía una amiga que era unos años menor que ella, y cada semana se sentaban juntas en la segunda banca. Un domingo yo estaba hablando y miré a mi madre, y dije algo acerca de "las mujeres viejas". Resulta que mi madre nunca había ido al centro local para los de la tercera edad pues ella decía: "Allí es donde van los viejitos", y ¡ella no era viejita! Esa era su forma de pensar. Nunca volví a recordar mi comentario. Después del servicio, la amiga de mi madre me llevó hacia una esquina y me hizo saber que la había ofendido. No era tan anciana como mi madre, pero era una adulta madura. Al principio pensé que estaba bromeando conmigo, pero pronto me di cuenta de que estaba muy molesta.

Ahora, puesto que la había ofendido en público, necesitaba tratar esto públicamente. El siguiente domingo le expliqué a la congregación que la semana pasada había usado unas palabras que fueron menos que justas. Cuando ofendes a alguien en determinado lugar, si es posible, lo arreglas ese mismo lugar. Así que pronto les pedí perdón a mi madre y su amiga.

Sí, reconozco que esto es un asunto menor, pero muestra cómo pedir disculpas en un sitio público. Responsabilízate por tus palabras y corrige en el mismo lugar.

Acciones

Las acciones son obvias, y quizá son lo más fácil de reconocer como causantes de conflictos. Eso no hace que sea más fácil que te humilles y pidas disculpas. Cuando tus acciones son incorrectas necesitas lidiar con ellas. No importa la intención o el motivo detrás de ellas; las malas acciones son malas acciones.

Permíteme ilustrar este concepto siendo específico:

Cuando Dan, mi hijo mayor, tenía quince años, tuvo la oportunidad de comprar el carro que era de mi hermana. El motor necesitaba ser reconstruido completamente, y entonces, hice un trato con mi hijo. Él compraría el auto y juntos trabajaríamos reparándolo. Al hacerlo así, él aprendería cómo reconstruir un motor y tendría un carro para cuando cumpliera dieciséis años.

Durante el proceso de reconstruir el motor, le pedí prestada una herramienta neumática de separación de juntas a mi amigo Ron. Después de haber limpiado la superficie, puse la herramienta en la repisa de la ventana de mi cochera. Terminamos de reconstruir el motor y pusimos el carro en marcha. Varios años después, estaba parado en la cochera cuando el Señor me habló, no con una voz audible, pero le entendí muy claramente.

Escuché: "Bill, ¿ves esa herramienta en la ventana? Quiero que le confieses a Ron que te robaste su herramienta".

- Señor, no me la robé. Solo se me olvidó regresarla.
- Bill, quiero que le confieses a Ron que le robaste su

herramienta.

- Pero Señor, no la robé. Es solo que no la he regresado. Se me olvidó.

Luego escuché esta pregunta: "¿Qué edad tiene Dan?"

"Veinte", le contesté, y en un instante me di cuenta de lo que Dios me estaba diciendo. Al no regresar la herramienta, en esencia, la había robado. Ron no tenía lo que le pertenecía. Y yo le había dado ese ejemplo a mi hijo.

Tomé la herramienta y fui a ver a Ron. Lo encontré en su cochera. "Ron, Dios me ha condenado y necesito pedirte que me perdones porque robé tu separador de juntas".

Él respondió: "Oh, no hay problema. Se me olvidó que no lo tenía. Está bien, no te preocupes".

Insistí: "No, Ron, Dios me ha condenado, y yo robé esto porque no lo regresé inmediatamente, y necesito que me perdones. ¿Me perdonas?"

- Bueno, no es gran cosa.
- No, Ron, ¿me perdonas por haberme robado tu herramienta?

En ese momento Ron fue rápido en decirme "Sí". Mi "Gracias por perdonarme" realmente fue sincero.

Aprende a responsabilizarte por tu pecado. No le eches la culpa a alguien más; no la minimices ni la esquives. Responsabilízate y manéjala de manera directa.

Cuando vas a ofrecer disculpas debes ser específico. ¿Por qué te estás disculpando? ¿Por tus actitudes? ¿Por tus palabras? ¿Por tus acciones? O, ¿Es una combinación de todas las anteriores?

Pide Perdón

Cuando llegues a este punto del proceso es importante pedir perdón de una forma directa. Date cuenta de cómo le pregunté a Ron directamente e insistí para obtener una respuesta directa. Esto es muy importante para seguir en el proceso de sanación.

Si no has desplazado la culpa y, en cambio, has ofrecido una disculpa sincera desde tu corazón, la mayoría de la gente estará dispuesta a otorgarte el perdón. No obligues a nadie a que te perdone. No debes crear una situación donde la expresión del perdón se otorgue por culpa o manipulación.

Es importante pedir perdón directamente y recibir una respuesta directa. Hay tres posibles respuestas. "Sí, te perdono", esa es la respuesta que deseas recibir. Sin embargo te pongo sobre aviso con respecto a un "sí" rápido. Si percibes la falta de sinceridad o sientes que la respuesta no es real, ten cuidado. Pueda que necesites explorar sus sentimientos un poco más a fondo. Esto lo harás con preguntas como: "¿Estás seguro? Percibo que quizá te está constando trabajo dejarlo ir. ¿Estás realmente seguro de que me perdonas?"

La segunda posible respuesta es: "No, no te perdono". Aun cuando esto no es lo que deseas oír, es una respuesta muy posible. Especialmente cuando el dolor o la herida son muy profundas, o si se han experimentado durante mucho tiempo. Existen algunas acciones que tomar si te responden así.

Comienza por examinar tu disculpa. ¿Estás usando palabras que desplazan la culpa? ¿Lo haces por la razón correcta? ¿Solamente estás tratando de sentirte mejor o estás consciente del dolor que has causado y quieres ofrecer sanación? ¿Tu disculpa es específica? ¿Estás incluyendo actitudes, palabras y acciones como lo dicta la situación? ¿Estás pidiendo perdón en manera directa, pero amable? Todo esto es necesario y debes reflexionar sobre cuán bien lo has incluido en tu disculpa. Si te das cuenta que te falta cubrir algún área, entonces has las correcciones necesarias y ofrece de nuevo las disculpas.

Si aún hay resistencia a otorgar el perdón, expresa cuánto te duele que no te puedan disculpar. Di otra vez lo arrepentido que estás por haber lastimado tan profundamente. Expresa lo importante que es recibir su perdón y pregunta qué se necesita para que te perdonen. Luego escucha sin poner excusas y sin ponerte a la defensiva. Recuerda que tú causaste la herida.

Esto nos lleva a la tercera respuesta posible: "Dame tiempo y déjame pensarlo". A veces la gente va a necesitar más tiempo para lidiar con sus sentimientos y poder otorgar el perdón. Si aún oponen resistencia diles que regresarás en una semana. Déjales saber lo importante que es para ti recibir su perdón. Esto les ayudará a lidiar con sus emociones y a tomar una decisión. Si no regresas en una semana, la situación se estancará y la resolución no se llevará a cabo.

El Fruto Del Arrepentimiento

Cuando pides perdón, debe haber un cambio aunado a ello en tu vida. Los ajustes pueden ser tan sencillos como borrar una palabra específica de tu vocabulario. Si la ofensa es extrema, como es el caso de una infidelidad, ese ajuste puede significar que tengas que cambiarte de trabajo o mudarte a un nuevo lugar para salvar tu matrimonio. El resultado debe ser transformación y crecimiento. A esto se le conoce como el fruto del arrepentimiento.

Juan el Bautista nos introdujo a este concepto. Cuando la multitud le preguntó qué debían hacer para arrepentirse, les dio ejemplos sobre cómo cambiar sus acciones. Los llamó a "producir frutos que mostraran arrepentimiento" (Lucas 3:3-14). Este principio aun es válido hoy en día.

Comportamiento Cambiado

Rita Mae Brown, en su libro Muerte súbita, definió la locura como "continuar haciendo la misma cosas vez tras vez y esperar resultados diferentes". Si te resistes al cambio, continuarás cosechando las mismas reacciones de parte de los otros. Esto es aplicable tanto a tus relaciones, como a otras facetas de tu vida. Debes cambiar el cómo te relacionas con la gente si esperas un cambio en tus relaciones.

Parte de la obra redentora de Cristo es que ahora eres libre de las cadenas del pecado y de los hábitos de comportamiento de la naturaleza caída. Pablo, en sus cartas, escribió que los cristianos son diferentes. Existe una nueva manera de vivir que crea harmonía y paz.

Enmienda

La enmienda es un fruto del arrepentimiento. Muchos la consideran como castigo, pero esa es una idea equivocada. Vivimos en una sociedad y en un tiempo en que el aceptar la responsabilidad o enmendar tus acciones no es muy popular.

Moisés incluyó la enmienda como un principio en la Ley (Números 5:5-7). La enmienda es responsabilizarte por el daño que has causado a otros y trabajar para repararlo. No siempre es posible una enmienda completa. Cuando sea posible, debemos esforzarnos para hacer que suceda.

En la historia de Ron y la herramienta no había manera de recuperar los años que la tuve, sin embargo, sentí que el Señor me impulsó a hacer una enmienda comprándole un paquete de cojinetes que se fijan al separador de juntas. Aunque eso fue solo un intento, fue lo mejor que pude hacer bajo esas circunstancias.

La enmienda también está ilustrada en la historia de un hombre joven llamado Dennis. Dennis luchaba contra la adicción a la heroína. Estaba perdiendo la batalla, así que lo invitamos a vivir con nosotros. Durante los dieciocho meses que vivió con nosotros hubo un gran progreso, con pocas reincidencias. Dennis podía mentir, engañar, robar y hacer todo lo que fuese necesario para obtener una dosis de heroína cuando recaía. Yo llegué a recibir llamadas suyas en la que me decía que estaba narcotizado y consumiendo droga otra vez. Salía a buscarlo hasta que lo encontraba y lo traía a casa. Dennis se iba a su recámara y se tomaba algunos días para volver a la normalidad. Con el tiempo salía de su recámara y decía: "Bien, estoy listo". Eso significaba que estaba listo para ir con todas las personas a quienes había lastimado. Dennis amaba a Dios y conocía bien el principio de la enmienda. Al día de hoy, Dennis ha estado limpio por muchos años, está casado y es un exitoso hombre de negocios.

La enmienda no es una idea tardía. Es necesaria en el proceso de restauración de las relaciones y para el manejo redentor de tus conflictos.

Antes de pasar al siguiente capítulo, examina tus destrezas de confesión por medio de las siguientes preguntas. No te apresures. Permite que el Espíritu Santo te acerque a Él para ver de qué palabras, actitudes y acciones necesitas responsabilizarte.

Hoja de Confesión

1. ¿Qué palabras y técnicas para desplazar la culpa usas cuando estás equivocado y no quieres admitirlo?

_____

_____

_____

2. ¿Qué situaciones hay en tu vida ahora de las cuales necesitas responsabilizarte?

_____

_____

_____

3. ¿Qué acciones, actitudes o palabras pecaminosas necesitas confesar?

_____

_____

_____

4. ¿Cuándo te ocuparás de esta confesión y pedirás perdón? Sé específico.

_____

_____

_____

_____

5. ¿A quién le pedirás que te lleve la cuenta con respecto a esto?

_____

_____

_____

_____

6. Si necesitas hacer una enmienda, ¿qué harás, y cuándo lo harás?

_____

_____

_____

7 APRENDE A PERDONAR

Más bien, sean bondadosos y compasivos unos con otros,
y perdónense mutuamente, así como Dios
los perdonó a ustedes en Cristo.
Efesios 4:32

Cynthia sollozó en silencio mientras yo cerraba la sesión con una oración. Dejó que las emociones inundaran su alma, recordando la devastación que su padre le había causado cuando era adolescente. Hoy luchaba con la idea de que necesitaba perdonarlo. Por más de una década, Cynthia lo había odiado y no le hablaba. Tan solo la idea del perdón era algo extraño para ella. Cynthia es una de las muchas personas que batallan cuando se les confronta con la necesidad de perdonar.

Aclarando La Confusión Acerca Del Perdón

Muchas personas viven en un estado de desconcierto en lo que se refiere al perdón. Quizá tú, al igual que Cynthia, eres uno de los que tienen conflicto en esta área. ¿No estás seguro de si realmente has perdonado cuando lo deseas desesperadamente? ¿Tratas de perdonar a alguien, pero aún estás lidiando con el dolor? ¿Sientes un dolor tan grande que no puedes convencerte a ti mismo de perdonar? Estos sentimientos, entre otros, son comunes y confusos.

Sentimientos

El perdonar no es un sentimiento. Este es el elemento más incomprendido del perdón. Los sentimientos son el combustible que impulsa a la mayoría de la gente, pero no son confiables. Puede ser que luches con tus propios sentimientos de falta de perdón: ¿Cómo puedo perdonar si me duele tanto? Ya perdoné, pero no me siento diferente.

Cuando pones tus sentimientos como un termómetro, te estás fijando en un indicativo poco confiable. El perdón y los sentimientos no están ligados de la forma en que pensamos que lo están. La habilidad de perdonar no tiene nada que ver con el cómo te sientes.

Olvidar

El perdón no se trata de olvidar. No van de la mano. Este concepto puede ser muy confuso para algunos y llegar a ser un obstáculo para perdonar. Cuando perdonas, deseas que el recuerdo doloroso se vaya, y no se va. ¿Por qué? Porque ese evento doloroso es real, y si es lo suficientemente doloroso, lo recordarás hasta que mueras. Pero el dolor no necesita ser una realidad presente por el resto de tu vida. Se puede manejar con eficacia por medio del proceso del auténtico perdón.

Excusar

El perdonar no es excusar a la otra persona. Muchas veces se evita perdonar porque pareciera ser que se libra de culpa al ofensor. El perdonar no es una declaración de inocencia, sino reconocer que Dios es el juez y no tú. Se enfoca en tu corazón y no en las acciones de otros. El verdadero perdón ocurre cuando decides librar al ofensor de tú juicio.

¿Qué Es El Perdón?

Cuando te encuentras en una situación tormentosa donde alguien te ha causado un dolor profundo es difícil perdonar. Ahí es cuando necesitas la ayuda de un modelo a seguir. Necesita escuchar y poner en práctica lo que ha funcionado para otros. Cuando se trata del perdón, tu mejor modelo es Jesús. Él sintió el dolor del rechazo, del odio y por último, el ser asesinado, sin embargo Él pudo perdonar.

Jesús comprendió que el perdón es una decisión. El perdonar envuelve una serie de elecciones para liberar de tu juicio a la persona que te hirió. ¿Cómo es esto posible cuando el dolor es tan grande? No es fácil. Pero es imperativo que lo hagas.

Jesús enseñó acerca del perdón cuando predicó a la multitud.

Porque si perdonan a otros sus ofensas, también los perdonará a ustedes su Padre celestial. Pero si no perdonan a otros sus ofensas, tampoco su Padre les perdonará a ustedes las suyas.
(Mateo 6:14, 15)

El uso de la palabra "si" indica una elección. Si las palabras de Jesús son verdad, entonces tú tienes la capacidad de elegir el perdonar a otros.

Cómo Perdonar

Cuando perdonas, tomas la decisión de liberar de tu juicio a la persona que te hirió. El perdón es una acción de fe. Es una decisión de confiar en Dios. Confías en Él para que haga lo justo.

La frase que Jesús usó cuando dijo, "debes perdonar" significa "arrojar y despedir". Jesús nos reta a dejar ir a la otra persona. Esto se ilustra mejor con la imagen de alguien que sostiene a un pájaro en su mano, levanta la mano hacia el cielo, la abre y lo deja volar lejos. El pájaro representa a la persona y a tu juicio en su contra. Cuando mantienes la mano cerrada, sigues teniendo como culpable a la persona por lo que te hizo. Es cierto que es culpable, pero el llamado de Dios es que tú confíes en Él para que sea el juez.

Te pide que confíes en Él para ser justo y para hacer lo que es correcto. Esta puede ser una difícil decisión porque sabes que Dios es misericordioso y lleno de gracia. Te han herido profundamente y ¡deben pagar por ello! Aquí es donde está la decisión difícil: ¿confío en Dios, o los hago que paguen?

La esencia del perdón es la fe y la confianza en Dios. ¿Puedes confiarle a Él tu dolor y, así mismo, confiarle a la persona que lo causó? ¿Cómo puedes tomar esta difícil decisión de perdonar? Dios dice que la venganza es de Él (Romanos 12:19). Cuando te rehúsas a perdonar, estás tomando el papel de Dios como juez. Esto no funciona muy bien. Llega a ser un cáncer espiritual que riega dolor y amargura durante toda tu vida y afecta la manera en que te relacionas con los otros y cómo los otros se relacionan contigo.

Es la misericordia de Dios la que nos lleva hacia Él. Todos sabemos que hemos pecado y que a veces somos la fuente del daño y del dolor para otros. ¿Cómo nos trata Dios? No trata con misericordia, pero no nos deja libres de culpa. Él trabaja en nuestras vidas para cambiarnos. Él hace lo mismo con aquellos a quienes le confiamos.

¿Cómo Perdona Jesús?

Pablo le dijo a la iglesia "Así como el Señor los perdonó, perdonen también ustedes" (Colosenses 3:13). ¿Cómo perdona Jesús?

Jesús perdona por completo

Tengo esta imagen de Jesús sosteniendo una lista enumerada de mis pecados. Lo veo leyendo esa lista, evaluando cada pecado. "Bill, los pecados 1 al 876 se pueden perdonar, pero el 877 y el 878 son muy grandes para que yo los perdone". Hay algo mal con esa imagen. Dios perdona por completo. Cuando él termina de perdonar, no hay pecados sobrantes. Están 100 por ciento borrados. Así es cómo se perdona a los otros: por completo.

Jesús perdona sin condiciones

No hay nada que podamos hacer para obtener más perdón. Ya todo ha sido logrado en la cruz. Volvamos a mi imagen mental de Jesús. "Bill, si haces devocionales cada mañana por un año y das la clase de la escuela dominical a los chicos de secundaria, te perdonaré". No, él perdona totalmente y sin condiciones.

Jesús perdona eternamente

Una vez perdonado el asunto ya no se recuerda. La Biblia enseña que los pecados son perdonados y echados tan lejos como están el oriente del occidente (Salmo 103:12). Mientras tú lleves la cuenta, no estás perdonando como Jesús te perdonó. Una de las maneras que se puede saber si has perdonado a alguien, o si ellos te han perdonado, es si se lleva la cuenta. Si se vuelve a mencionar no está perdonado.

¿Quién es nuestro ejemplo a seguir? Jesús. ¿Cómo perdona Jesús? Perdona completamente, incondicionalmente y eternamente. ¿Cómo te pide que perdones? Completamente, incondicionalmente y eternamente.

El poder para perdonar

¿De dónde proviene el poder para perdonar? La sección de autoayuda en cualquier librería está repleta de todo tipo de libros que te ayudarán a hacer casi cualquier cosa. El perdón es frecuentemente tratado como un tema de auto-disciplina o de voluntad propia. En algunos casos el dolor es tan profundo que no se puede encontrar la voluntad propia o la auto-disciplina para liberar a la persona que te hirió. Entonces, ¿de dónde proviene ese poder?

Jesús había sido invitado a cenar a la casa de un fariseo. Durante la cena, vino una mujer que había vivido una vida de pecado y le lavó los pies a Jesús con su cabello y con sus lágrimas. Luego continuó besándolos y vertió un perfume costoso sobre ellos.

El fariseo cuestionaba en silencio los motivos de Jesús y de la mujer. Jesús, conociendo los pensamientos del fariseo, contó una historia de dos hombres. Cada uno tenía una deuda, uno debía poco y el otro debía mucho. Ambas deudas fueron perdonadas. Él preguntó cuál de los hombres amaría más a quien los había perdonado. El fariseo estaba en lo correcto cuando contestó que aquél a quien se le había perdonado la deuda más grande (Lucas 7:36-50).

Puedes encontrar el poder para perdonar al comprender y sentir el extraordinario perdón que has recibido de Dios. Tú eres el receptor del perdón extraordinario. Es tiempo de usar ese poder del perdón con los otros.

¿Dónde Comienza El Perdón?

El perdón siempre comienza con Dios. Estando colgado en la cruz, Jesús le pidió a su Padre que perdonara a quienes lo crucificaron. Ningún dolor, ningún crimen, ningún acto de violencia son más horribles que los cometidos hacia Jesús. Los soldados romanos y las autoridades de ese entonces actuaron injustamente; sin embargo, Jesús los perdonó. Cuando vas a la cruz y mueres para ti mismo, el verdadero perdón es posible.

El perdón fluye del Padre a sus hijos y luego a través de sus hijos hacia los otros. Habiendo experimentado el perdón, es imperativo que perdones, especialmente a los que han causado dolor en tu vida (Mateo 5:23, 24, 18:15)

Los Pasos Hacia El Perdón

Creo que existen tres pasos básicos e importantes que necesitamos tomar para perdonar. Conozco la tentación de no perdonar completamente. Puedes argumentar que los pasos son muy difíciles o que no se relacionan con el proceso del perdón. Después de todo, perdonar un poco es mejor que no perdonar nada. No te engañes a ti mismo. Es fundamental que realices y completes los tres pasos. Estos pasos forman las siglas "LAR". Esto te ayudará a recordarlos. En lo que queda de este capítulo encontrarás oraciones sugeridas para iniciar el proceso del perdón en tu propia vida.

Libera

Libera al ofensor abriendo tu corazón. Tu ejemplo a seguir es Jesús. Él te libera a ti, lo cual te permite que tú liberes a otros. Juan escribió: "Al que nos ama y que por su sangre nos ha librado de nuestros pecados" (Apocalipsis 1:5) Esta liberación es parte del proceso del perdón. No estás justificando o excusando su comportamiento: los estás liberando de tu juicio. Ya que tú experimentaste tu propia liberación podrás otorgar liberación a otros.

Dejar ir es lo que te libera más. Si no dejas ir, la amargura y el odio crecerán y sembrarán destrucción en todas las áreas de tu vida. Llegarás a ser una persona iracunda a quien todos querrán evitar. Tu salud física pagará un precio. Estudio tras estudio se han comprobado los peligros de vivir con ira y estrés.

Regresando al ejemplo del pájaro. Imagínate que ese pájaro es la persona que te lastimó. Toma un plumón y escribe en el ave el nombre de la persona y lo que hizo para herirte. Ahora, levante tu mano hacia Dios y deja que, con todo el simbolismo, vuele lejos. Déjalo ir con todas las heridas y los juicios.

Al liberar completamente a ese pájaro, él volará hacia las manos de Dios. Él es digno de confianza y trata con justicia todas tus circunstancias y sana a tu corazón.

"Amado Dios, gracias a que Tú me has perdonado, ahora yo soy capaz de extender el perdón a   . Yo libero a   de mi juicio y confío en Ti para que hagas lo que es correcto y justo. Cedo mi derecho a la venganza, creyendo que Tú eres el juez que, con verdad y justicia, juzga a todo hombre."

La siguiente persona a quien necesitas liberar es a Dios. ¿Por qué a Dios? Porque puede ser que lo culpemos por lo que nos ha pasado. "Sí Dios estaba allí, ¿por qué permitió que esto sucediera? o, ¿sí Dios es un Dios bueno y amoroso, ¿por qué no evitó que esto sucediera? Preguntarnos por qué las cosas malas le suceden a las personas buenas es algo muy complejo y se centra en el tema de que Dios le dio libre albedrío al hombre. Se han escrito libros enteros para contestar esa sola pregunta. La verdad es esta: Dios es bueno y amoroso. Aunque esto no responda a la pregunta, podemos consolarnos con el hecho de que Él se entristece por cada injusticia en el mundo, incluyendo lo que te ocurrió a ti.

Dale libertad a Dios para que trabaje en tu vida. Es hora de abrirle tu espíritu, tu corazón y tus emociones. Permite que Él te sane. Dios nunca obliga a nadie. Es por esta razón que necesitas darle libertad para que obre en tu vida. El rey David estaba consciente de esta verdad cuando pronunció su oración: "Crea en mí, oh Dios, un corazón limpio, y renueva la firmeza de mi espíritu" (Salmo 51:10)

Necesitas darle libertad a Dios para obrar en la persona que te lastimó. Le corresponde a Dios y no a ti el tratar con esa persona. Pablo lo dijo así: "No tomen venganza, hermanos míos, sino dejen el castigo en las manos de Dios, porque está escrito: «Mía es la venganza; yo pagaré», dice el Señor" (Romanos 12:19).

Debemos vivir en paz con todos hasta donde sea posible. No nos corresponde juzgar y disciplinar a los que nos lastiman (Romanos 12:17, 18). Esto es difícil de aceptar cuando llevamos heridas dolorosas y recuerdos. La voluntad de Dios es que tú confíes en Él y le des libertad de obrar en la vida del ofensor.

"Dios Padre, a ti sí te importa lo que me sucede y yo estaba equivocado cuando te culpé. Te libero de toda culpa y juicios. Padre, me abro a ti para que sanes mi vida. Ven, Espíritu Santo, y restaura mi espíritu. También te presento a _____ para que obres en su vida y traigas honor a tu nombre".

Ahora necesitamos liberarnos a nosotros mismos. Necesitamos ser libres de la prisión de juzgar a otros y de aferrarnos a la amargura y a la ira. Esta auto-liberación traer aún más libertad.

Durante un reciente viaje de enseñanza que realicé a Sudáfrica, tuve el privilegio de ver la celda en la que estuvo preso Nelson Mandela durante dieciocho años, de una sentencia de veinte. La celda de paredes de concreto mide casi 2.5 por 2.5 metros. En esta celda Nelson Mandela pudo haber muerto emocional y espiritualmente. Él se rehusó a dejar que la injusticia que sufría lo convirtiera en un anciano amargado. Mandela transformó su celda en una "extensión" de la Universidad de Londres y obtuvo una licenciatura en leyes.

Mientras Mandela estuvo físicamente en prisión, él liberó su espíritu de la prisión del odio y la derrota. La amargura y el odio forman la prisión de la cual toda persona que sufre injusticas debe buscar liberarse. Me encuentro con muchas personas que se rehúsan a perdonar y están encadenadas a un espíritu de derrota. Frecuentemente luchan contra diferentes grados de depresión y baja auto-estima.

Se libre de la carga de las reacciones negativas. La falta de perdón engendra respuestas hirientes. Es como una llaga dolorosa que nunca sana, y cuando se toca, causa una reacción involuntaria que aleja a los otros y genera palabras que causan aún más dolor. Herimos a otros porque estamos heridos. Las personas que más amamos sienten el castigo de nuestra ira y se vuelven temerosos. La sanación propia solo llegará cuando comencemos a liberar tanto a los otros como a nosotros mismos.

"Padre, me libero de toda prisión que genera de falta de perdón, de la derrota espiritual y emocional que se ha infiltrado en mi vida. Te pido que sanes mis heridas y me liberes de las reacciones negativas".

Arrepiéntete

El arrepentirse es el segundo paso. "¿Por qué debo arrepentirme?" te preguntarás. "No he hecho nada malo. ¡Yo soy la víctima!" Esto es solo parcialmente cierto. Fuiste agraviado, pero no eres del todo inocente. Cuando te rehúsas a perdonar, eres culpable de no confiar en Dios y de tomar la posición de juez. Tu actitud llega a ser sentenciosa y tu respuesta carece de amor, lo cual es un pecado y necesitas arrepentirte.

El arrepentirte significa un cambio de mentalidad y de dirección sobre cómo le respondes a Dios y a los que te han agredido. Tienes que cambiar tu posición de juez y confiar en que Dios lidie con quienes te han agredido. Ya no necesitas ser juez y jurado. Suéltalo y sé libre.

"Dios, por favor perdóname por haber tomado tu lugar como juez. No he reflejado tu amor en mi actitud y he sido sentencioso. Pongo mi confianza en ti para que seas un juez honrado y justo. Por favor ayúdame a dejar ir todas mis actitudes pecaminosas y crea en mí un corazón nuevo. Gracias por ayudarme a cambiar el rumbo de mi vida".

Reconcíliate

La reconciliación es el paso final. Recuerda que el ejemplo a seguir es Jesús y la manera en que Él vivió su vida. Pablo escribió que fue Dios quien te reconcilió con él por medio de Cristo (Colosenses 1:20, 21). La palabra "reconciliación" es un término bíblico que se enfoca en el cambio dentro de las relaciones personales. Se trata de la sanación de una relación.

Como pastor que ha aconsejado a muchas parejas con problemas en sus matrimonios, nunca he exhortado a una persona a regresar a una relación donde hay peligro de muerte o donde es posible el abuso. Todas las relaciones tienen momentos difíciles y necesitan trabajar en ello. Si te encuentras en una relación donde no estás a salvo, entonces el proceso de la reconciliación solo puede llegar hasta cierto punto. Sin embargo, es importante aceptar el deseo de Dios y ver que la sanación y la restauración se logren en cada relación.

En esta parte del proceso del perdón necesitas conectarte con personas sabias y espiritualmente inteligentes que te puedan aconsejar. Cada situación es compleja y no permiten soluciones sencillas. Sería imprudente establecer normas estrictas. Mi propósito al escribir es abrir tus ojos a la posibilidad de la reconciliación, no importa cuán doloroso pueda parecer en este momento. Cuando camines por este sendero y confíes en Dios, encontrarás milagros y te maravillarás del cambio que Dios puede hacer en ti vida.

"Padre, no puedo imaginar la reconciliación en esta situación. Tú sabes que tan lastimado estoy. Aun así, confío en ti con mi vida. Ya que tú obras de una manera saludable, estoy abierto a tu voluntad".

Cuando Duele

¿Cómo manejas el perdón cuando te duele profundamente? El secreto para trabajar con el perdón que resulta doloroso es comprender que la capacidad de perdonar no está en ti, sino en Dios. Él nunca te pide que hagas algo imposible. No obstante, te pedirá que lleves a cabo una acción que requiera de su fuerza y su poder. El perdón absoluto requiere buscar la fuerza y el poder de Dios, especialmente cuando el dolor profundo está muy presente.

Empieza con una pregunta: ¿cuánto dolor le causaste a Cristo?

- ¿Yo? ¿Causarle dolor a Jesús? ¡Yo soy quien está lastimado! ¿De qué estás hablando?

La película de Mel Gibson, La Pasión de Cristo, es una representación gráfica de la muerte de Cristo. Desde los latigazos hasta la escena de la crucifixión, ésta películas muestra el increíble dolor que Jesús sufrió por el pecado de la humanidad. Mis acciones y las tuyas tuvieron su parte en causar ese sorprendente sufrimiento y tormento. Irónicamente, fue la mano del mismo Mel Gibson quien sostuvo el clavo que perforó la mano de Jesús en esa película. Fue una manera de reconocer que él tuvo parte en la muerte de Jesús.

A lo largo de tu vida, ¿cuánto dolor has causado a Jesús? Cuando realmente comprendas el pecado y sus consecuencias, reconocerás que en realidad tú lo mataste en un sentido real. Antes de que nacieras, él murió por ti. La Biblia lo dice de esta manera: "Cuando todavía éramos pecadores, Cristo murió por nosotros" (Romanos 5:8). Es su perdón, pagado en la cruz, lo que fluye hacia ti, dándote fuerzas para perdonar a otros. Jesús no te está pidiendo que hagas algo nuevo, sino que lo sigas a Él y a su ejemplo.

Cuando me di cuenta de cuánto dolor le causé a Jesús, eso llegó a ser una puerta para que yo pudiera perdonar a un hombre a quien odiaba. Cuando era adolescente, el padre de mi novia abusó sexualmente de ella. Lo odiaba. Quería matarlo. Fue años después que lidié con ese odio. Cuando vine a Cristo y experimenté su perdón, pude liberar de mi juicio al padre de ella. El resultado de liberarlo fue que me liberó de mi prisión de amargura.

El Perdón Continuo

Te reto a liberar a los que te han agredido. Decídete a dejar de ser juez y permite que se vayan todos los que te han herido. Esto puede ser una decisión difícil, especialmente cuando el dolor no se va inmediatamente. Es entonces cuando puedes decidir el continuar perdonando.

Ilustraré esto regresando a la imagen del pájaro. A veces ese pájaro es una paloma mensajera. Una paloma mensajera es un ave que siempre regresa a su hogar. Tú dejas ir la amargura y el dolor, pero estos regresan. Regresa también la confusión y te preguntas a ti mismo: "¿Realmente perdoné? Parece que funciona para otros, pero no para mí". La respuesta es que debes dejar de alimentar al ave cuando regrese. Ya que, como piensas mucho en la persona y en el dolor que te causó, vuelves a revivir los eventos y las circunstancias, cayendo en un espectáculo de compasión y reviviendo el pasado.

Manda al pájaro a volar lejos cada vez que regrese. "Amargura e ira, no pueden regresar. Los envío lejos. Yo perdono a (escribe el nombre de la persona) y se lo/la confío a Dios. Ahora continua con otras actividades y pensamientos. Al principio quizá lo tengas que hacer muchas veces durante el día.

Pedro luchó con esto cuando le preguntó a Jesús acerca de cuántas veces debía perdonar a su hermano. Incluso Pedro se contestó su pregunta: "¿Siete veces?" Pronto, Jesús le respondió que setenta y siete veces era lo correcto (Mateo 18:21, 22). En otras palabras, perdonas cuantas veces sea necesario.

La respuesta de Jesús sorprendió no solo a Pedro, sino al resto de los discípulos y todos lo que lo oyeron hablar. Los maestros religiosos enseñaban que tres veces era suficiente. Pedro pensó que estaba siendo generoso cuando dobló la cantidad y añadió una más como buena medida. Se sintió muy bien por su generosidad. Luego Jesús le respondió con una gracia desmedida. En lo personal, me alegro por la gracia sin medida que hay para mí y para que yo la otorgue a los otros.

Libre De Dolor

¿Cuándo se terminará el dolor? Nadie puede responder a esa pregunta. Pero sé que si eres constante en perdonar, sin permitir que la paloma mensajera regrese, varias cosas comenzarán a suceder. Primero, tu corazón empezará enternecerse. Con el tiempo, el dolor y el recuerdo se calmarán. Experimentarás menos ira y más paz. Y luego, una mañana te levantarás dándote cuenta de que, aunque todavía te acuerdes de lo que pasó, el dolor del corazón y la aflicción ya no estarán presentes.

El perdón requiere de tomar una decisión, y luego, de un proceso. Tomas la decisión de liberar a los que te agredieron, luego vives cada día el proceso de llevar a cabo esa decisión.

> *¡El fiel amor del Señor nunca se acaba!*
> *Sus misericordias jamás terminan.*
> *Grande es su fidelidad;*
> *Sus misericordias son nuevas cada mañana.*
> *(Lamentaciones 3:22, 23 NTV)*

Antes de continuar, tómate un tiempo para trabajar en las siguientes preguntas. Busca las áreas donde necesites liberar de tu juicio a ciertas personas. Repasa este capítulo y usa las oraciones proporcionadas.

Hoja de trabajo sobre el perdón

1. ¿En qué situación te ha costado mucho trabajo no vpoder perdonar?

_____

_____

_____

2. ¿Qué de lo que has aprendido hoy te ayudará a perdonar y a lograr integridad?

_____

_____

_____

3. ¿Cómo pondrás en práctica lo que aprendiste?

_____

_____

_____

_____

4. ¿Existe algún otro obstáculo que pudiera impedirte que perdones por completo?

_____

_____

_____

5. ¿Qué puedes hacer para sobreponerte a los obstáculos? Sé específico.

_____

_____

_____

_____

6. ¿Harás un compromiso para perdonar y no permitir ya la falta del perdón?

_____

_____

_____

_____

7. Escribe el compromiso que harás y los pasos a seguir. Ponle fecha y fírmalo. Me comprometo a:

_____

_____

_____

_____

8. Le pediré a _____ que me haga responsable de cumplir mi promiso. Le preguntará a más tardar el día _____(fecha).

8 RECONSTRUYE
LAS RELACIONES
ROTAS

*Hermanos, si alguien es sorprendido en pecado,
ustedes, que son espirituales, deben restaurarlo
con una actitud humilde. Pero cuídese cada uno,
porque también puede ser tentado.*

Gálatas 6:1

El tiempo de adoración y alabanza del servicio estaba terminando. Mi esposa, Dorothy, estaba al piano. Yo estaba por subir al púlpito y comenzar mi sermón. No pude. Primero tenía que ocuparme de algo.

¿De qué necesitaba ocuparme? De pedirle perdón a mi esposa. Esa mañana habíamos discutido. Tú sabes como qué tipo de discusión: nos alzamos la voz, la adrenalina fluyó y los sentimientos empezaron a lastimarse. Yo, en ese momento, estaba por compartir la Palabra de Dios. ¡No podía hacerlo sintiéndome así!

Interrumpí el servicio, fui a donde estaba Dorothy, silenciosamente le pedí que mi perdonara. Me tranquilizó mucho escuchar sus palabras de perdón. Eso sucedió hace más de treinta años, sin embargo, continúa siendo un ejemplo de cómo hacer las cosas en nuestro matrimonio y un poderoso recuerdo hasta el día de hoy.

La resolución del conflicto es diferente alrededor del mundo. En ciertas culturas, se considera un atropello tratar el asunto del conflicto directamente con los involucrados. Puede que se requiera emplear a familiares o al curandero como intermediarios. En algunas otras culturas el conflicto no se trata ni directa ni indirectamente.

En un par de tradicionales casos antropológicos, Colin Trunbull describió dos tipos de gente y su tipo de relaciones. En La Gente del Bosque (Forest People), habló sobre los pigmeos del bosque Ituri, en Zaire. Ellos se necesitan y desean llevarse bien a toda costa. La cooperación es clave en su cultura, y por lo tanto, es algo que se espera y que se otorga. El sentimiento de pertenecer a una comunidad es tan fuerte entre ellos que ser desterrado hacia el bosque, incluso por unas cuantas horas, traerá, sin lugar a dudas, la reconciliación.

En La Gente del Monte (Mountain People), Turnbull habló de los Ik, una tribu en las montañas situada entre Uganda, Kenia y Sudán. Ellos son muy crueles cuando hay conflicto, aún con sus propios hijos. Las consecuencias son tan extremas e inhumanas que puede resultar en inanición y muerte.

La cultura en Estados Unidos de América está llegando de manera acelerada a ser un mosaico de muchas culturas, cada una teniendo su propia manera de responder al conflicto. La práctica cultural Americana, históricamente, valora la verdad directa y a veces estricta. Es común levantar la bocina del teléfono cuando se está enojado y dejarle saber a alguien cómo te sientes exactamente y lo qué estás pensando. En este sentido, y mientras que la era electrónica se expande, los correos electrónicos y los mensajes de texto están llegando a ser un medio común para la confrontación. Te recomiendo ampliamente que evites esta tendencia digital. Las reuniones cara a cara son más productivas cuando se trata de resolver un conflicto.

He estado enseñando acerca de la resolución del conflicto en más de una docena de culturas diferentes, lo cual me ha llevado a una sencilla conclusión: las culturas humanas no manejan bien el conflicto. Entonces, ¿cuál es la respuesta?

Necesita haber una perspectiva cultural diferente que guíe la manera en que manejamos el conflicto. Las destrezas que estamos tratando en este capítulo retan a todas las culturas humanas. Por lo tanto, necesitamos descubrir una cultura alterna, la cultura del Reino de Dios.

La cultura del Reino requiere que cada miembro tome la iniciativa de comenzar el proceso para resolver el conflicto. Esto será diferente en cada cultura, pero ignorarlo crea una violación a las Escrituras.

Ve

El significado de una palabra está parcialmente determinado por la cultura en la cual se usa. La palabra confrontar tiene una connotación negativa en la cultura occidental. El diccionario la define como una reunión cara a cara con alguien, con una intención hostil o contenciosa. El significado bíblico para esta palabra no es hostil en su naturaleza, aunque se trate todavía de enfrentarnos cara a cara, pero sin intenciones maliciosas.

Elegí usar la sencilla palabra "ve" para captar la intención completa de reunirse cara a cara y reparar las relaciones rotas. El concepto del Nuevo Testamento acerca de la confrontación está centrado en encontrar la verdad y usarla para conseguir resultados redentores. Cuando miras la palabra ve, piensa: "Ve, encuéntrate cara a cara, y que tu propósito sea redentor".

La decisión más importante que puedes tomar es la de tratar el asunto, —ser proactivo en vez de reactivo—, y comenzar el proceso de reparar una relación quebrantada. Antes que cualquier otra cosa, recuerda que eres un ciudadano del Reino. Aunque permanezcas sensible a tus costumbres culturales actuales, la cultura del Reino debe ser tu guía.

¿Por qué es tan difícil verse cara a cara y tratar los asuntos complicados? ¿Por qué elegimos ignorar este paso crucial? Permíteme subrayar cuatro temores que solo son estorbos para entrar en acción. Cada temor es válido, pero no debes permitir que te estorben.

Las represalias

El miedo a las represalias, especialmente en el trabajo, es auténtico y es una posibilidad impredecible. Una posición de autoridad les da a las personas un acceso fácil a maquinaciones que pueden dañar tu futuro. En el hogar las represalias pueden ser arrebatos de ira, la ley del hielo y pleitos abiertos que son utilizados para desquitarse.

El rechazo

El temor al rechazo es una de las más poderosas emociones negativas que una persona puede experimentar. Ya sea por medio del divorcio, del abandono emocional, o de algún otro evento traumático, el rechazo es devastador. La gente usa cualquier cantidad de energía necesaria para evitar ser rechazado.

Lastimar a otros

Por lo general la gente no desea lastimar a otras personas. El temor de herir a alguien nos detiene al tratar asuntos que causan fricciones. Es la excusa más usada para evitar ser honesto y hablarles a los otros sobre ciertas situaciones hirientes. Pero este temor puede tener consecuencias involuntarias. Cuando no tratamos una situación hiriente podemos crear una nueva situación que producirá oportunidades adicionales para que alguien salga dañado.

Vi un ejemplo claro de esto cuando un hombre joven juntó a su familia y abandonó la iglesia. Fui a visitar a Rodney para ver por qué había dejado de asistir a la iglesia.

Rodney dijo claramente que yo lo había ofendido porque no le pedí que fuera ujier para el servicio de Resurrección. Rodney continuó diciendo que nunca me había dicho que lo ofendí porque no quería herir mis sentimientos. La gente desea evitar la confrontación a toda costa. El riesgo de herir los sentimientos de alguien es una excusa conveniente para no ir con la persona que nos ofendió. Esto muestra la manera en que la mayoría de las personas manejan la necesidad de ir y hablar cara a cara con alguien... simplemente lo evitan a toda costa.

Por rehusarse a hablar conmigo, Rodney hirió a todos los involucrados. Me hirió al no permitirme arreglar la situación. Le causó pena a su familia al sacarlos de la iglesia y darles una razón para guardar rencor. Finalmente, se lastimó a sí mismo por romper su relación con los otros creyentes. Ya no recibió los ánimos que necesitaba para mantenerse fuerte espiritualmente.

Un sentido de inutilidad

Dudamos en entrar en acción cuando creemos que nada va a cambiar. Si has tratado de hacer un cambio y nada sucede, ¿por qué intentarlo otra vez? Sucumbiendo al temor de la inutilidad te pierdes del cambio que te espera a la vuelta del próximo intento.

Siempre hay más de una forma para tratar un asunto que traerá un cambio.

¿Por qué la Biblia enfatiza la importancia de la decisión de ir y platicar de frente? ¿Por qué su sabiduría anula a la cultura y a las costumbres locales? ¿Es realmente tan importante? Creo que se trata del plan redentor de Dios. Él desea que tú y tus relaciones estén saludables.

El mandato de "ve" es seguido por "reconcíliate" (Mateo 5:24). La reconciliación envuelve al perdón. En el capítulo anterior vimos cómo perdonar. Ahora trataremos el por qué es importante ir y perdonar.

Ve Y Perdona

Jesús hizo una declaración inquietante cuando dijo: si perdonas a otros, tu Padre que está en los cielos, te perdonará. Si no perdonas a otros, entonces tu Padre celestial no te perdonará (Matthew 6:14). Este versículo me incomoda mucho, pues personalmente sé lo difícil que es perdonar cuando la herida es profunda. Y todos conocemos a otros cristianos que viven en amargura combinada con la indisposición de perdonar. Esto es especialmente cierto cuando creemos que el ofensor no merece el perdón.

Hay diversos puntos de vista con respecto a lo que Jesús se refirió cuando dijo que el Padre no perdonaría si tú no le otorgas el perdón a los otros. Quiero explorar las posibles consecuencias de esta fuerte declaración. Todas son serias y tienen repercusiones eternas.

La salvación es una obra de gracia y no se puede ganar de ninguna manera. R. T. Kendall (antiguo pastor de la Capilla Westminster en Londres, Inglaterra) en su libro, *Perdón Total (Total Forgiveness)*, claramente presentó que la lucha para perdonar no tiene como finalidad la salvación, sino el hacer las buenas obras para las cuales fuimos creados (Efesios 2:10).

Cuando no perdonas te enfrentas a problemas relacionales. Existe falta de comunión con el Padre, falta de intimidad con el Hijo, y falta de unción con el Espíritu Santo, lo cual representa serios problemas para el cristiano.

Jesús repitió esta advertencia en un escenario diferente. Enfatizó la necesidad de perdonar en la parábola del siervo despiadado.

Por lo tanto, el reino del cielo se puede comparar
a un rey que decidió poner al día las cuentas con los siervos
que le habían pedido prestado dinero.
En el proceso, le trajeron a uno de sus deudores
que le debía millones de monedas de plata.
No podía pagar, así que su amo
ordenó que lo vendieran, junto con su esposa,
sus hijos y todo lo que poseía para pagar la deuda.

El hombre cayó de rodillas ante su amo y le suplicó:
"Por favor, tenme paciencia y te lo pagaré todo".
Entonces el amo sintió mucha lástima por él,
y lo liberó y le perdonó la deuda.

Pero cuando el hombre salió de la presencia del rey,
fue a buscar a un compañero, también siervo,
que le debía unos pocos miles de monedas de plata.
Lo tomó del cuello y le exigió que le pagara de inmediato.

El compañero cayó de rodillas ante él y le rogó
que le diera un poco más de tiempo. "Ten paciencia conmigo,
y yo te pagaré", le suplicó. Pero el acreedor no estaba
dispuesto a esperar. Hizo arrestar al hombre

y lo puso en prisión hasta que pagara toda la deuda.

Cuando algunos de los otros siervos vieron eso,
se disgustaron mucho. Fueron ante el rey y le contaron
todo lo que había sucedido. Entonces el rey llamó al hombre
al que había perdonado y le dijo: "¡Siervo malvado! Te perdoné
esa tremenda deuda porque me lo rogaste.
¿No deberías haber tenido compasión de tu compañero
así como yo tuve compasión de ti?". Entonces el rey, enojado,
envió al hombre a la prisión para que lo torturaran
hasta que pagara toda la deuda.
Eso es lo que les hará mi Padre celestial a
ustedes si se niegan a perdonar de corazón a sus hermanos.
(Mateo 18:23—35, NTV)

F.F. Bruce trató el tema sobre la lucha para perdonar, en su libro, Dichos Fuertes de la Biblia (Hard Sayings of the Bible). Cuando habló acerca del Padre Nuestro y el perdón escribió: "Es de esperarse, entonces, que quienes reciben el perdón que Dios otorga en el evangelio, aquellos quienes le llaman Padre, demostrarán algo de Su carácter y mostrar una actitud de perdón hacia otros. Si no, ¿entonces qué?".

En oposición a Kendall, Bruce pintó la imagen sombría de obtener consecuencias aún más serias, insinuando la posibilidad de perder la propia salvación. Comentó sobre la parábola del siervo despiadado: "Pero si algunos de a quienes les fue hecha esta amonestación (fue hecha para todos los cristianos de todas la edades. Comentario del autor) insisten en no perdonar a otros, ¿podrán disfrutar de la seguridad del perdón de Dios? Si las enseñanzas de Jesús significan lo que dicen, entonces no podrán".

Ambas explicaciones tratan de la seriedad de las palabras de

Jesús y de la necesidad de aprender a perdonar y restaurar las relaciones rotas. La lección que necesitamos aprender es que hay graves consecuencias cuando nos resistimos al mandato de ir y perdonar.

Fe, Oración y Perdón

Jesús iba caminando con sus discípulos cuando Pedro vio la higuera marchita que Jesús había injuriado el día anterior. Jesús comenzó a enseñar sobre la fe y la oración. Habló acerca de preguntar luego creer que tú tienes la respuesta.

Jesús terminó el discurso con esta declaración: "Pero si ustedes no perdonan, tampoco su Padre que está en el cielo les perdonará a ustedes sus pecados" (Marcos 11:25). Ligó directamente la fe y la oración contestada con el perdón. ¿Por qué hizo esta conexión? Las relaciones rotas aquí en la tierra afectan tu relación con el Padre. Las relaciones rotas también influyen en tu fe, lo cual disminuye la efectividad de tu oración.

Una cosa primordial es sanar las relaciones que se han deteriorado. Hay consecuencias serias y de larga duración cuando ignoras los conflictos que dañan las relaciones. Hay una pregunta que escucho frecuentemente, y es: ¿Yo tengo que ser siempre el primero en ir? La Biblia nos enseña que hay dos situaciones distintas y opuestas, las cuales requieren que tú seas el primero en ir.

Ve Cuando Estés Equivocado

La primera situación que requiere que vayas hacia la otra persona es cuando tú has hecho el mal. Jesús les dijo a sus seguidores:

Por lo tanto, si estás presentando tu ofrenda en el altar y allí recuerdas que tu hermano tiene algo contra ti, deja tu ofrenda allí delante del altar. Ve primero y reconcíliate con tu hermano; luego vuelve y presenta tu ofrenda. (Mateo 5:23, 24)

Esta enseñanza se encuentra en la adoración del Antiguo Testamento cuando el adorador trae un sacrificio al templo. Permíteme plantearlo de una manera más contemporánea: "Cuando vas a la iglesia o estás leyendo tu Biblia durante tus devocional personal, o en cualquier momento en que estés alabándome, y te acuerdes de que alguien está enojado contigo por algo que hiciste, interrumpe lo que estás haciendo, ve con esa persona y corrige la situación. Después de que hayas sanado la relación herida, entonces ven y adórame".

A Jesús le interesa más que su cuerpo espiritual esté sano a que vayas a la iglesia, y prefiere eso a que le cantes coros de alabanza. Es revelador que Él ponga la reconciliación y la fortaleza de las relaciones antes que la adoración.

Cuando estás equivocado necesita ser el primero en entrar en acción. Muchas veces nos resistimos a ser la primera persona en entrar en acción porque tenemos que humillarnos y reconocer que estamos mal y que cometimos un error. En lengua vernácula existe el dicho de que tenemos que comernos las palabras, y las palabras nunca saben bien. (En inglés, la expresión dice que tenemos que comer cuervo, y el cuervo nunca sabe bien.) Sorprendentemente, esta decisión de humillarte e ir trae la más grande liberación a tu vida. La culpa y la vergüenza que acompañan al pecado se van cuando tratamos con el pecado abiertamente.

Jesús nos encomienda que vayamos pronto a tratar de componer las relaciones quebrantadas. La Biblia Message traduce esta parte de Mateo 5:25 con las siguientes palabras: "da el primer paso". La ira o el orgullo fácilmente pueden bloquearnos para dar el primer paso, pero no debemos permitir que ninguno se interponga en el camino de restaurar las relaciones rotas.

Ve Cuando Tengas La Razón

La segunda situación que requiere que vayas y comiences la conversación es cuando tú eres quien fue ofendido. Jesús puso la responsabilidad de ir en la persona agredida cuando dijo: "Si uno de mis seguidores te hace algo malo, habla con él a solas para que reconozca su falta. Si te hace caso, lo habrás ganado de nuevo". (Mateo 18:15 TLA)

Es fácil entender tu obligación de ser el primero en ir cuando tú has causado el daño de lastimar a alguien más. Cuando alguien te ha herido, ellos deberían comenzar el proceso reconciliación por sus palabras o acciones hirientes. Quizá hayas oído decir: "Él empezó. Que venga conmigo y se disculpe". Jesús fue muy claro: si alguien te ofende, ¡ve tú!

Dios solicita que ambas partes sean proactivas y den el primer paso para componer la relación. La postergación no tiene cabida en resolver el conflicto. En la sección sobre comunicación trataré el asunto de elegir el momento correcto para ir. Pero esto no se debe confundir con la postergación.

El ir con la otra persona y trabajar para resolver el conflicto son un par de acciones muy positivas. Pareciera que en toda cultura el proceso de resolución del conflicto se percibe como una acción negativa y se debiera evitar a toda costa. Santiago, el hermano de Jesús, lo puso en un camino positivo:

Hermanos en Cristo, si alguno de ustedes deja de confiar en la verdad que ha aprendido, y otro le devuelve la confianza, quiero que sepan esto: quien hace que un pecador deje de pecar, salva de la muerte al pecador y logra que Dios le perdone sus muchos pecados. (Santiago 5:19, 20 TLA)

En muy importante manejar el conflicto de manera redentora mediante la reconstrucción de una relación rota porque tiene consecuencias eternas. Plática tras plática confirmo que la mayoría de la gente que se aleja de la fe lo hace después de haber sido herida por alguien dentro del ámbito religioso.

Antes de continuar con el siguiente capítulo, tómate un tiempo para examinar tus relaciones. Observa dónde necesitas ser proactivo. Usa la hoja de ejercicios para ayudarte a descubrir las acciones que necesitas tomar.

Hoja de Reconciliación

1. ¿Con quién en tu vida tienes una relación rota o tensa? ¿Cuál es la raíz de esta ruptura o tensión?

_____

_____

_____

_____

_____

2. ¿Qué se necesita para tomar la iniciativa o continuar con el proceso de sanar esa relación?

_____

_____

_____

_____

_____

3. ¿Cuál crees que sea la acción redentora que debes tomar?

_____

_____

_____

_____

4. ¿Qué te detiene para hacerlo?

_____

_____

_____

_____

5. ¿Qué acción realizarás ahora? Y, ¿cuándo lo harás? Sé específico.

_____

_____

_____

_____

6. Le voy a pedir a _____ que me haga responsable de cumplir mi compromiso. Se lo pediré el día _____ (fecha).

9 COMUNÍCATE
CARA a CARA

Más bien, al vivir la verdad con amor,
creceremos hasta ser en todo como aquel
que es la cabeza, es decir, Cristo.
Efesios 4:15

Hace algunos años, Shawn, un bombero que asistía a la iglesia, decidió confrontar a su padre sobre sus heridas del pasado y no le fue bien. Él sacó a flote algunos temas muy serios y algunos problemas y heridas de sus años de infancia. Su padre explotó y negó todo. Shawn no estaba seguro de cómo preceder o si algún día habría otra oportunidad para tratar las heridas de su niñez.

En el capítulo pasado hablé sobre el cuándo se debe ir y platicar con alguien cara a cara. Dado que esto es muy difícil para la mayoría de las personas sencillamente prefieren evitar la posibilidad de confrontar a los otros. Por lo tanto, es importante entender la razón de por qué vas a ir y cómo comunicarte, de tal forma que logres los resultados deseados.

Después de hacerle unas preguntas a Shawn me di cuenta

que había tenido buenas intenciones, pero le faltaron habilidades de comunicación para crear un encuentro positivo. Las buenas destrezas de comunicación te ayudarán en abrir la puerta para sanar las relaciones rotas. Las destrezas de comunicación insuficientes te cerrarán la puerta cada vez que lo intentes.

El "Por Qué" De Ir

¿Cuál es el propósito de hablar cara a cara cuando hay un conflicto? Primero, veamos algunas motivaciones incorrectas detrás de estas confrontaciones. Esto ayudará aclarar nuestra pregunta del por qué.

No vayas motivado por el deseo de probar que tú tienes la razón. Dado que hemos invertido mucho emocionalmente en nuestras creencias personales sentimos la necesidad de defenderlas y protegerlas. Nos provoca una gran tentación el mantenernos firmes en nuestras opiniones aunque no estemos completamente informados. A mí no me gusta estar equivocado y estoy aprendiendo a guardar para mí mismo los pensamientos de mi desinformación. De esta manera existen menos probabilidades de estar equivocado.

Como cristianos, sentimos la necesidad de defender la Biblia, las leyes de Dios o la santidad de Dios. Siendo motivados por esta necesidad, minimizamos el punto de vista de la otra persona enfocándonos en probar la veracidad de la Biblia o la santidad de Dios. Si bien, no descartamos la importancia de la santidad de Dios y la autoridad de la Biblia, el propósito de acercarnos a la otra persona no debe ser el de comprobar estas cosas. Cuando usamos esa estrategia de acercamiento, lo que en realidad logramos es que la gente se aleje de la obra redentora de la cruz, siendo esa la obra que deseamos compartir a través de nuestra conversación.

De igual manera, tampoco te acerques a alguien para satisfacer tu necesidad de tener la razón. La gente tiene una profunda necesidad de tener la razón, de estar en lo correcto y de asegurarse de que todos lo sepan. Esta necesidad viene de experiencias pasadas e inseguridades. Cuando somos motivados por la necesidad de ganar, nos sentimos bien con nosotros mismos, pero destruimos cualquier esperanza de reconciliación para la relación.

En mis primeros años de casado yo siempre quería tener la razón. Regularmente podía ganarle a mi esposa hablando y comprobando mi punto de vista. Con el paso del tiempo, me di cuenta de que cada vez que ganaba una discusión, perdía un poco más en mi relación con ella. En algún punto de mi matrimonio comencé un proceso de cambio, donde pasé de ser quien ganaba la discusión a ser un campeón para mi esposa. Muchas veces vi el daño que le causé por mi necesidad de tener la razón. Ahora, únicamente la información principal de la discusión me parece lo suficientemente importante para ser objetada y eso, con mucho cuidado. Puedo ver que he estado equivocado demasiadas veces cuando "corrijo los hechos".

La motivación principal para acercarnos a otra persona debe ser la de reconstruir la relación y sanar cualquier herida. Jesús dijo que debemos hacerlo de tal forma que invite a la persona a bajar su defensa para que escuche, y entonces tendremos una gran posibilidad de ganarnos de nuevo a nuestro hermano (Mateo 18:15). Si confrontas a alguien por el motivo equivocado estás condenando esa experiencia al fracaso. Después de experimentar varios fracasos, supondrás, erróneamente, que no funciona el acercarte a la otra persona.

El "Cómo" Ir

¿Cuál es la mejor manera de acercarte a otra persona? Comienza entendiendo la manera en que ambas partes ven las circunstancias.

Habla de acuerdo a las necesidades de la otra persona. Pablo recomendó esta estrategia cuando escribió:

> *Eviten toda conversación obscena. Por el contrario, que sus palabras contribuyan a la necesaria edificación y sean de bendición para quienes escuchan. (Efesios 4:29).*

Una nueva secretaria, Sally, se unió al personal de la iglesia. Estuvo trabajando bien los primeros meses. Luego comenzó a olvidar algunas tareas que debía realizar. Al principio no le di importancia y pensé que era una situación temporal. Después de algunos meses de seguir olvidando sus tareas, me di cuenta de que necesitaba tratar el problema con ella.

Yo creo firmemente que una conversación saludable, acompañada de un café, puede resolver la mayoría de los problemas de mundo ¡y todos los míos! Así que acordé una cita con Sally en una cafetería. Durante el tiempo que estuvimos ahí, yo centré la conversación en sus necesidades y enfaticé en mi meta de ayudarle a ser la mejor secretaria, dentro de lo posible, y me comprometí a hacer lo que fuese necesario para que eso sucediera.

Comencé preguntándole cómo se sentía en cuanto a su desempeño, luego dirigí la conversación al dilema de las tareas olvidadas. Ofrecí darle la ayuda necesaria. Sally compartió su punto de vista y me dijo lo que pensaba que solucionaría el problema. Le permití crear un plan de acción e hice algunas sugerencias desde mi perspectiva.

De este incidente quiero enfocar la atención en las tres formas de hablarle a las necesidades de la otra persona.

1. Habla con ellos, en lugar de hablar acerca de ellos
    con otras personas.

Aunque esto parece obvio, es infringido universalmente. Hay una tendencia a compartir los hechos con otros antes de acercarse de frente a la persona en cuestión. En el afán de asegurarte que vas por el camino correcto hablas con otras personas cuando no es apropiado. En este caso, yo fui directamente con Sally y con nadie más.

2. Expresa tu aprecio por ellos y tu deseo de encontrar
    una solución justa para el problema actual.

Yo le comenté a Sally mi deseo de que ella fuera la mejor secretaria posible, y le hice saber que estaba agradecido por su deseo de mejorar. Es de sabios expresar el reconocimiento al inicio, y en repetidas ocasiones, en una relación antes de que llegue el momento de la confrontación. Cuando estás en medio de una conversación seria el expresar reconocimiento no debe ser algo nuevo sino la continuación de una actitud habitual.

3. Di la verdad con amor.

Decir la verdad con amor es quizá el paso más difícil, pero el más necesario. Para ello se requiere cumplir las dos partes, y ambas son muy necesarias. Decir la verdad (parte uno) con amor (parte dos). Debes ser claro y no esquivar los temas complicados. Esto se le hace difícil a la gente porque nadie quiere lastimar los sentimientos o dañar las relaciones de ninguna manera. Sin embargo, las relaciones nunca llegarán a alcanzar su potencial a menos que la verdad sea el centro de la conversación.

Jesús nunca esquivó la verdad sino que la comunicó con gracia y amor. Trató los temas sensibles directamente, y aun así, la gente no lo rechazó. Cuando fue confrontado por los fariseos con respecto a una mujer que había sido atrapada en adulterio, los retó directamente con respecto a sus propios pecados. Después que los fariseos se dispersaron, dirigió su atención hacia la mujer culpable. Sin minimizar su pecado, gentilmente le ofreció una manera diferente de vivir. (Juan 8:1-11).

Cuando digas la verdad, siempre añádele amor. ¿Cómo puedes hacerlo? Primero tienes que lidiar con tus heridas. Si no has resuelto tu dolor, lo más seguro es que, cuando entres en una conversación llegues listo para descargar tu sufrimiento sobre los otros. Esto no funcionará para lograr una plática productiva. Si sabes que aún sigues cargando con tus heridas, regrésate unas cuantas páginas y repasa el capítulo sobre el perdón. Después de revisar ese capítulo, date un tiempo de tranquilidad para ocuparte de tus heridas y permíteles que comiencen a sanar.

Pablo explicó el decir la verdad con amor cuando describió el amor.

El amor es paciente, es bondadoso. El amor no es envidioso ni jactancioso ni orgulloso. No se comporta con rudeza, no es egoísta, no se enoja fácilmente, no guarda rencor. El amor no se deleita en la maldad sino que se regocija con la verdad. Todo lo disculpa, todo lo cree, todo lo espera, todo lo soporta. (1ª Corintios 13:4-7).

Cuando digas la verdad, hazlo con paciencia y amabilidad. Habla sin enojarte fácilmente y sin expresar señales de superioridad en tu confrontación. Tu meta al decir la verdad con amor es reconstruir la relación que ha experimentado una ruptura.

Las Destrezas De Un Verdadero Oyente

Escuchar es una destreza que la mayoría de gente dice tener, pero en la que falla completamente. No importa cuánto se hable de ello, la habilidad de escuchar bien aún está considerablemente abandonada.

Constantemente soy testigo de esa inhabilidad de escuchar. Cuando viajo, un miembro del personal me recoge en el aeropuerto. En la ruta hacia el hotel, me cuenta sobre su necesidad de solucionar algún conflicto. De su propia boca sale toda la explicación de la situación sobre la que quiere ayuda. Entonces, yo supongo que en algún momento se quedará callado para escuchar el consejo que solicitó. Pero no es así como funciona en la mayoría de los casos. En lugar de eso, la persona en cuestión lanza ejemplo tras ejemplo, y por lo general, termina desviándose del tema. Finalmente, llegamos al hotel, y es ahí cuando la persona en cuestión se da cuenta de que desperdició la oportunidad de recibir la ayuda que necesitaba, simplemente por ser incapaz de quedarse callado y escuchar.

Santiago, el hermano de Jesús, dio un buen consejo cuando escribió: "Mis queridos hermanos, tengan presente esto: Todos deben ser rápidos para escuchar, y ser lentos para hablar y enojarse" (Santiago 1:19).

En nuestra cultura, las habilidades para escuchar son muy débiles. Esposos, esposas, padres e hijos, así como empleadores y empleados no han aprendido a escucharse el uno al otro. Nos hemos convertido en una sociedad del individuo. Como familia, nos sentamos en un cuatro a ver la televisión, pero nunca a comunicarnos. Como forma de entretenimiento nos reunimos con un grupo de amigos, vamos a un edificio grande, nos sentamos en un cuarto oscuro, todos mirando en una misma dirección y vemos secuencias de video en una pantalla grande, y permanecemos en silencio. Si intentas hablar, alguien detrás de ti te dice que te calles.

En las redes sociales nos comunicamos a través de 140 caracteres para informar que iremos al supermercado o que estamos preparando la cena. En contraste, existen otras culturas que no han progresado tan rápido como la nuestra, en las que aún se reúnen y disfrutan de una buena conversación. Digo esto para enfatizar la necesidad de cultivar y usar de manera intencional nuestra habilidad para escuchar.

Yo creo que existe una dinámica espiritual en esta lucha para llegar a ser un buen oyente. Esta es mi interpretación del por qué nos cuesta trabajo escuchar: Se remonta hasta el Jardín del Edén con Adán y Eva. En el principio, Dios era lo primordial en la vida de Adán y Eva. Era el rey y estaba en el trono. Luego Eva comió del fruto prohibido y lo compartió con Adán. En ese momento algo sucedió: el hombre subió al trono y desplazó a Dios. Como Adán, nosotros también nos subimos al trono y nos ponemos en primer lugar, en vez de Dios.

Aquí está la pregunta clave acerca de esta lucha: ¿Quién es la persona más importante sobre la que podemos hablar? ¿Quién es el número uno? En la caída, Dios fue desplazado de su posición superior cuando el hombre subió al trono y tomó su lugar. Ya estoy en el trono. Ahora soy el número uno en mi vida, así es que, en cada conversación voy a hablar acerca de la persona más importante que existe, y esa persona soy yo.

Cuando tú y yo tengamos una conversación voy a enfocarme en mí. El problema es que tú eres el número uno en tu vida. Lo que provoca que escuchar sea una batalla es: ¿Quién es el número uno? Mientras hablamos, yo lucho por escuchar y tú luchas por escuchar, porque ambos estamos concentrados en dos personas distintas. Todos necesitamos enfocarnos en quien verdaderamente es el número en nuestras vidas. Dios debe llegar a ser el número uno de nuevo y, de esa relación con Él, serviremos a los otros llegando a ser buenos oyentes.

Aprende A Esperar

Aprende a tener todos los datos antes de sacar conclusiones. Un buen oyente no interrumpe a la otra persona. Eso también significa que tienes la habilidad de permitir el silencio durante la conversación. Se ha dicho que las personas promedio no pueden dejar pasar más de catorce segundos de silencio en una conversación. Sentirse cómodo con el silencio requiere de práctica y de una gran dosis de auto-disciplina.

Concéntrate en lo que se está diciendo. Permite que la otra persona termine de hablar antes de comenzar a pensar en lo que le vas a responder: puede ser que la información importante aún esté por llegar. ¿Cuántas veces te has encontrado a ti mismo pensando lo que vas a responder antes de que la otra persona haya terminado de hablar? La mente humana puede pensar cuatro veces más rápido de lo que la persona puede hablar. Es muy fácil que tu mente se distraiga mientras estás escuchando. Eso es lo opuesto a poner atención.

Un buen oyente debe aprender a enfocarse en lo que la otra persona le está diciendo, tanto con sus palabras como con su lenguaje corporal. Debe estar atento a las pistas silenciosas, tales como brazos cruzados, expresiones faciales y otros indicadores visuales. Los expertos en comunicación le llaman a esto "estar atento". Aprende cómo concentrarte y cómo mantener esa concentración.

Otra parte importante al ser un oyente atento es dar retroalimentación. Puedes dar retroalimentación de dos formas: no verbal: por medio de tu lenguaje corporal, y verbal: mediante las palabras. ¿Cruzas los brazos? ¿Estás inquieto? ¿Juegas con tu teléfono o miras el reloj? Todas esas son formas de dar retroalimentación no verbal negativa. ¿Sostienes la mirada? ¿Pareces estar interesado? ¿Tienes una postura corporal abierta? Esos son aspectos de una retroalimentación no verbal positiva.

Un ejemplo de retroalimentación verbal positiva es cuando tú dices: "ajá", "entiendo", o "te escucho". Este tipo de respuestas verbales comunican que estás atento a lo que se te está diciendo.

Recuerdo lo molesto que me sentí cuando hablaba con un amigo. Mientras él me escuchaba tenía en su cara la expresión de una pared de piedra. No daba absolutamente ninguna retroalimentación, ni verbal ni no verbal. Cuando le pregunté sobre ello me dijo que esa era su forma de escuchar. Eso pasó hace muchos años, pero aún al estar escribiendo esto puedo recordar las emociones de inseguridad y frustración que sentí por su falta de retroalimentación.

El dar una retroalimentación atenta es el ingrediente clave de un buen oyente. Si no la das, provocas que el hablante batalle. Por dentro se están distrayendo con preguntas como: ¿Te simpatizo? ¿Me estás escuchando? ¿Qué podrá estar pasando ahora mismo por tu mente? ¡Ayúdales dando tu opinión!

Escucha Para Esclarecer Las Cosas

El aclarar las cosas es por tu bien, pues te aseguras de que entiendes lo que se dijo. Las palabras no siempre tienen el mismo significado para todos. Cuando yo le digo a mi asistente que necesitamos programar el horario para una reunión esas palabras tienen tiene un significado específico, lo cual es diferente a lo que se oye en la superficie. Lo que en realidad le estoy diciendo a mi asistente es: "tú necesitas" programar el horario para una reunión. El que yo use la palabra "necesitamos" ha causado mucha confusión a través de los años, por lo que es una de las primeras cosas que aclaro con los miembros nuevos del personal.

Las frases para aclarar las cosas suenan así: "Creo que lo que estás diciendo es..." o "Si te estoy entendiendo bien, me estás diciendo que...". Para ser un buen oyente debes, no solo escuchar las palabras, sino también entender la intención detrás de esas palabras. La clave está en solucionar el conflicto porque gran parte del conflicto está basado en la falta de comunicación.

Escucha Para Reflexionar

Reflexionar es similar a aclarar, pero esto es en beneficio de la persona que está hablando. Las respuestas pueden parecer y sonar idénticas a las frases que se usan para aclarar, pero el objetivo es diferente.

Reflexionar es la habilidad de parafrasear lo que piensas que te están diciendo. Tu meta es decir lo que escuchas, pero en tus propias palabras, y luego comunicar de vuelta esos mismos pensamientos. Esto le da al hablante la seguridad de que realmente estás escuchando y comprendiendo lo que te dice. Puedes usar tanto la aclaración como la reflexión al mismo tiempo, solo hay que entender la diferencia.

Aprende A Estar De Acuerdo

Estar de acuerdo no es igual rendirte, sino a encontrar un punto en común. Es importante estar de acuerdo en todas las cosas que sean posibles con respecto a la situación antes de intentar resolver las áreas en desacuerdo. La mayoría de los conflictos tienen áreas de intereses en común que pueden ser resaltadas para basarse en ellas y empezar a construir desde ahí. Esta es una estrategia muy poderosa para lograr una solución saludable.

Consejos Para Comunicarte Durante Un Conflicto

Ora. Antes de reunirte con la persona en cuestión, pídele a Dios que sensibilice a todos los corazones involucrados. Ora para que les dé la mejor solución para cada uno, y para que, al mismo tiempo, esto lo honre a Él.

Elige el tiempo y el lugar correcto. Haz una cita en un lugar neutral. Las cafeterías fueron creadas para actividades como esa. Las conversaciones y las discusiones de pasillo son ambientes perfectos para crear malos entendidos y herir los sentimientos dados los horarios apresurados y el no tener tiempo de terminar las conversaciones que se empezaron.

Piensa lo mejor acerca de los otros hasta que tengas los datos suficientes para comprobar lo contrario. Detrás de los actos de la mayoría de las personas existen buenas intenciones y buenas razones. Se rápido para creer lo bueno y lento para suponer lo peor.

Platica en persona siempre que te sea posible. Cuando hablas en persona tienes el 95 por ciento más de herramientas de comunicación disponibles, porque solamente el 5 por ciento de la comunicación involucra a las palabras. Nunca uses mensajes de texto, correos electrónicos, cartas o el teléfono para tratar de resolver un conflicto. La única excepción válida sería si la distancia impide una conversación cara a cara. En ese caso, yo recomendaría hacer una videollamada por Skype, o algo por el estilo.

Deja de hablar. No se puede hablar y escuchar al mismo tiempo. No interrumpas a la otra persona; dale suficiente tiempo para decir lo que tiene que decir. Abstente de interrumpir para defenderte o defender a otros. Aprende a sentirte cómodo con el silencio.

Planifica tus palabras. El pensar durante la conversación te ayudará a anticipar los diferentes escenarios posibles. Eso te dará la oportunidad de darle la intención deseada a tus respuestas. Te ayudará también a recordar los hechos con mayor claridad.

Usa un tono de voz y un lenguaje corporal amable. La manera en que te presentas creará una cierta atmósfera, que te ayudará a preparar la escena en la que podrás ganarte la disposición del otro para aceptar el proceso de la reconciliación o, por el contrario, causará una reacción negativa y defensiva si eres descortés.

Sé objetivo. Durante un conflicto es fácil expresar datos exagerados, suposiciones injustificadas y conclusiones sin fundamento. Resiste la tentación de manipular la situación usando generalizaciones.

Usa la Biblia de manera cuidadosa y correcta. La mayoría de los conflictos no son asuntos de pecado, sino de diferencias de opinión, o de preferencias. Es fácil sentirte en lo correcto cuando las Escrituras parecen validar tu punto de vista. A nadie le gusta que se le sermonee.

Pide retroalimentación. Una herramienta poderosa es solicitar la retroalimentación. Acepta que puedes estar equivocado o entender mal la situación. Cuando pides comentarios y estás abierto a la crítica, le das validez al punto de vista y a las emociones de la otra persona.

¿En qué área eres fuerte (o débil) al usar las destrezas de comunicación? ¿Cómo puedes mejorar la forma en que te conectas con otros cuando estás en medio de un conflicto? Toma unos momentos para completar los siguientes ejercicios y mejorar tus destrezas de comunicación. Asegúrate de tomar la retroalimentación con seriedad. Encontrarás un nuevo entendimiento y nuevas revelaciones en esas palabras.

Hoja de Ejercicios de Comunicación

1. Describe tus habilidades al escuchar.

_____

_____

_____

_____

2. ¿Cuáles son tus puntos fuertes al escuchar?

_____

_____

_____

¿Cuáles son tus puntos débiles al escuchar?

_____

_____

_____

_____

3. ¿Qué puedes hacer la semana entrante para volverte un mejor oyente?

_____

_____

_____

_____

4. ¿Qué te impide hacerlo?

_____

_____

_____

_____

5. ¿Quién te ayudará a mejorar tus destrezas de oyente dándote retroalimentación continua? ¿Cuándo le vas a pedir que te ayude?

_____

_____

_____

_____

10 CUANDO FALLA TODO LO DEMÁS

❦

Pero si no, lleva contigo a uno o dos más,
para que "todo asunto se resuelva mediante
el testimonio de dos o tres testigos".
Mateo 18:16

E l Pastor Tom miró a su esposa con devastación en la mirada. Él sabía que nada era verdad, pero las acusaciones seguían llegando. El denunciante decía que Tom estaba usando el pulpito y sus sermones para sacar a la parte de la congregación que no estaba de acuerdo con los cambios que el Pastor había establecido recientemente. Los rumores comenzaban a difundirse entre la congregación y unos cuantos miembros ya habían cuestionado abiertamente la integridad y el juicio del Pastor Tom.

La mesa directiva de la iglesia sabía que era tiempo de pedir yuda de fuera. La situación tenía que resolverse antes que muchas familias, e incluso, la congregación entera fueran destruidas. La meta de los líderes era encontrar gente que pudiera ayudar a investigar y presentar alternativas redentoras para todos

RESUELVE EL CONFLICTO A LA MANERA DE DIOS

los involucrados.

Cuatro meses después, gracias al sabio consejo y a la oración intensiva, el Pastor Tom y sus denunciantes pidieron perdón y lo recibieron. Reconstruyeron sus relaciones con un nuevo compromiso de buscar más comprensión y hablar la verdad con amor.

Para cada uno de nosotros, el día a día es una posibilidad de tener un conflicto. Dada su complejidad o singularidad, algunos de estos problemas se manejan mejor si se involucra a terceros. Cada circunstancia dictarán si una tercera persona debe involucrarse y de qué manera. Así mismo, hay que tener en cuenta que cada vez será diferente. Las destrezas desarrolladas, el juicio sólido y las revelaciones bíblicas obtenidas de experiencias previas son esenciales para una buena resolución del conflicto.

Cuándo

Es muy importante entender que este paso no sucede al inicio del proceso de resolución del conflicto. Recuerda, el primer punto es pasar por alto la ofensa y tener una buena actitud al hacerlo. Puede que eso sea todo lo que necesita para solucionarlo.

Si es necesario llevar a cabo más acciones, entonces emplea las habilidades de la auto-evaluación, la confesión y el perdón para restaurar la relación. Si se hace con sinceridad, muchas veces esto resolverá el conflicto, permitiendo que ambas partes sigan adelante.

Hay veces en que se necesita aún más acción para resolver el conflicto. Esto significa involucrar a terceros para ayudar con el proceso. Para obtener mayor éxito, las condiciones de esta invitación deben ser entendidas con claridad y aceptadas mutuamente.

Muchos cristianos viven entre dos culturas: la cultura del mundo y la cultura del Reino. Por este motivo puede haber confusión acerca de cuándo podemos usar los principios bíblicos en el mundo. En Mateo 18, Jesús les habló a los que se llamarían a sí mismos seguidores de Cristo o cristianos. Algunos usan este argumento para reservarle la intervención de terceros únicamente a la iglesia o para llevarlo a cabo únicamente en un contexto cristiano. Yo veo un panorama más amplio que estimula a estar abiertos a este tipo de intervenciones. Los principios bíblicos presentados por Jesús son universales por naturaleza. En cualquier caso, la meta predominante siempre debe ser la misma: resolver el conflicto en una manera redentora para que las relaciones sean restauradas y se mantenga la integridad.

Por qué

Hay por lo menos cuatro opciones posibles para involucrar a un tercero o a un equipo de varias personas. Puesto que cada palabra o acción de Jesús es redentora por naturaleza, cada opción que se considere debe ser redentora. Algunos de los procesos presentados aquí no eran culturalmente relevantes en aquellos tiempos, pero cumplen el mandato redentor en la cultura de hoy.

Cada acción que se tome dependerá de la voluntad de ambas partes para ser participantes activos. Si una de las partes no da su brazo a torcer y se rehúsa a participar en el proceso, entonces se necesitará buscar un punto intermedio para encontrar el porqué de la resistencia. Es muy probable que esa resistencia se deba a un problema de confianza. Antes de proceder, necesitarás saber cuáles son las objeciones existentes para involucrar a terceras partes y determinar cómo pueden ser superadas. Esto requerirá una conversación que encuentre los puntos en común en cuanto a la selección de terceros.

Involucra a un entrenador capacitado

Este método está disponible para una o ambas partes del conflicto. Un buen profesional no hará opiniones ni juzgará, sino que buscará la comprensión de las circunstancias de cada persona y cómo contribuyó cada uno al conflicto. Por medio de este proceso, una o ambas partes lograrán tener una nueva percepción acerca de los hechos, las emociones y los posibles resultados. Con la ayuda del entrenador, es posible que todas las partes involucradas puedan encontrar su propia solución. Sin embargo, la mejor solución siempre es aquella que fue pensada y aceptada por los participantes.

Trabaja dentro del proceso de mediación

La mediación puede o no ser redentora. Cuando ocurre la mediación entre dos partes que no son equitativas en posición o fuerza, existe la posibilidad del abuso. La meta de la mediación bíblica es llegar a un acuerdo basado en la justicia y la obligación moral. La mayoría de los procesos de mediación secular intentan encontrar intereses en común sin considerar lo que es justo o moralmente correcto.

Cuando el resultado del proceso es una situación sin solución, ambas partes pueden acordar un arbitraje definitivo y obligatorio. Esto no es lo ideal, pero pueda que sea necesario. Pablo escribió a la iglesia de Corinto que ya habían perdido porque estaban ante la corte de los no creyentes. Les dijo que ellos tenían la capacidad de juzgar al mundo y a los ángeles, y que un día lo harían. Luego les exhorta a juzgar los casos del día que estaban causando división. (1ª Corintios 6:1-7).

Dave, un amigo personal mío, era pastor de una iglesia grande. Dos hombres en esta iglesia estaban en conflicto por un negocio de bienes raíces. Estaban en una situación sin solución y ya iban a la corte. Ambos tenían abogados con planes para demandar y contrademandar. Un domingo después del servicio, Dave se acercó a ellos y les propuso un procedimiento diferente.

"Miren chicos, ustedes saben que esto no es correcto porque la Biblia dice que, como cristianos, no debemos estar llevando estos casos a la corte. ¿Estarían dispuestos a venir ante la iglesia y compartir su desacuerdo? Yo seré el juez, los ancianos serán el jurado y resolveremos esto por ustedes".

Estuvieron de acuerdo y ambos asistieron el día de la cita. Dave presidió la junta. Los ancianos estaban sentados, tal como un jurado de verdad, en su estrado. Ambos trajeron a sus abogados no cristianos con toda la información, incluyendo diagramas y gráficas. Cada abogado presentó su caso, tal como en una corte. Los ancianos se levantaron después de todas las presentaciones, se fueron a otro cuarto, estudiaron los hechos y llegaron a una conclusión.

Regresaron y dieron su veredicto: "Creemos, después de revisar toda la evidencia, que la deuda de $4,000 (cuatro mil dólares) es justa y Mark le debe a Dan $4,000". Mark respondió: "acepto su decisión". Luego escribió un cheque por la cantidad de $4,000 y se lo entregó a Dan. Los dos hombres se dieron la mano, se abrazaron y salieron de la iglesia. Ellos siguen siendo amigos hasta el día de hoy. Los abogados se maravillaron y aprendieron una lección sobre cómo el arbitraje dentro de la iglesia puede ser efectivo.

Aclara Los Hechos Frente A Testigos

Hay desacuerdos en cuanto a lo que Jesús quiso decir cuando usó la palabra testigos (Mateo 18:16). Algunos comentadores piensan que quiso decir que los testigos darían fe de los hechos. De ser así, entonces Jesús estaba regresando a la Ley de Moisés para proteger al inocente y evitar la perversión de la justicia. (Deuteronomio 17:6; 19:15; Números 35:30).

Explica Las Acciones Tomadas Para Resolver El Conflicto

Otros comentadores piensan que Jesús estaba estableciendo un mecanismo de disciplina para la iglesia. ¿Cuál fue el razonamiento? Cuando una persona problemática es llevada ante la iglesia, hay testigos. Esos testigos pueden confirmar que el proceso al tratar de resolver el conflicto se hizo de manera justa y sin malicia.

Pablo parecía apoyar el primer escenario, cuando solicitó que cualquier acusación contra un anciano fuese respaldada por dos o tres testigos (1ª Timoteo 5:19). Sin embargo, en su segunda carta a los Corintios, pudo haber estado apoyando ambos argumentos (2ª Corintios 13:10). Yo creo que ambos están incluidos y son importantes cuando se está trabajando a través del proceso redentor de Dios.

¿Quién?

La pregunta ahora es, ¿a quién debes involucrar? Durante mis treintaicinco años de ministerio, he visto a personas que involucraron a amigos o compañeros de trabajo que apoyaban su punto de vista. Las personas, generalmente, están interesadas en oír lo que quieren en lugar de oír lo que necesitan escuchar. Tienden a buscar apoyo en la gente con el mismo nivel de habilidades interpersonales, el mismo conocimiento de verdades espirituales, y que suelan llegar a las mismas conclusiones. A esto le llamo unir la ignorancia.

Pablo hizo una excelente revelación sobre quién es una buena opción para ayudar como testigo. Dio una idea general de las aptitudes de un anciano o supervisor en su carta a Timoteo (1ª Timoteo 3:2-7). Él comprendía que lo que hacía bueno a un anciano o supervisor también lo calificaba para ser digno de confianza e influyente al tratar un problema. Incluyó dos características que son especialmente dignas de mencionar. Aunque Pablo se refirió generalmente al género masculino yo creo que ambos géneros están capacitados y pueden servir como testigo a la hora de resolver el conflicto.

Esta tercera persona debe saber manejar bien a su propia familia y ver que sus hijos le obedezcan con el respeto adecuado. Si tiene estas características, Pablo infiere que va a poder tomar decisiones sabias en otras situaciones difíciles. En ese sentido, las personas se eligen mediante la observación de sus habilidades en situaciones de la vida diaria. Si no son capaces de tomar buenas decisiones en su hogar o trabajo, entonces está en duda que vayan a poder tomar buenas decisiones en la mediación de tu conflicto.

Dicha persona debe tener una buena reputación dentro de la comunidad. Esto indicará que es irreprochable, y que aun las personas que están fuera de la iglesia respetarán sus decisiones. Optar individuos con estas cualidades facilitará mucho la ayuda que se necesita tener desde afuera. Cuando se elige a personas de calidad su puede contar con que aportarán claridad y una percepción positiva, así como soluciones posibles.

La mejor manera de aprovechar la participación de una persona externa es que él o ella les ayude a aclarar la situación. Así que permite que esta persona escuche y haga las preguntas necesarias para darles más conciencia de sí a ambas partes del conflicto. Consigue a alguien que sepa hacer preguntas fuertes y de exploración y que luego no tenga miedo de soltarlas.

A la persona externa también se le puede pedir consejo sobre cómo tratar la situación. Esto permite observar y aprender. Sin embargo, la mejor solución proviene de las dos partes involucradas y no cuando es impuesta por terceros.

Se le puede pedir a la persona externa que sea testigo de las actitudes, acciones y otra información importante si el conflicto se lleva ante la iglesia para recibir disciplina.

Antes de pasar al capítulo final, toma un momento para completar la hoja de ejercicios. Usa tus respuestas para hacer una lista de persona a las cuales podrías pedirles ayuda para resolver conflictos difíciles.

Hoja de Ejercicios de Cuando Falla Todo Lo Demás
1. ¿A quién te acercas cuando necesitas consejo o revelaciones?

_____

_____

_____

2. La última vez que te acercaste a esta persona, ¿cómo te ayudó? Sé específico.

_____

_____

_____

3. ¿Cómo te animó su consejo?

_____

_____

_____

4. ¿De qué manera le has agradecido a esa persona por lo mucho que significa para ti últimamente?

_____

_____

_____

5. Escribe un compromiso, incluyendo la fecha en la que lo cumplirás, acerca de cómo vas a agradecerle a esta persona de una forma que sea significativa para él o ella.

_____

_____

_____

_____

6. Le pediré a _____ que me haga responsable de darle seguimiento a mi compromiso. Le diré el día _____ (fecha).

11 CUANDO TE RELACIONAS CON PERSONAS DIFÍCILES

No te dejes vencer por el mal;
al contrario, vence el mal con el bien.
Romanos 12:21

Kay es una persona difícil. Cuando ella entra a una habitación todos se ponen en guardia. Es difícil entablar una conversación con Kay. Si empiezas diciéndole "Buenos días," su respuesta es, "¿Qué tienen de buenos?". Después continúa diciéndote todo lo malo que le ha pasado en el día. Ella siempre tiene la razón y sus opiniones sobre cualquier cuestión son inapelables, desde la política, hasta el tema de cuál es la mejor comida de la ciudad. Kay ha perfeccionado su forma de actuar hasta el grado de que toda decisión que ella toma irrita a cada uno de los involucrados. Es sarcástica, egocéntrica, campeona en quejas de todo tipo, y para colmo, es iracunda. Todas estas características parecen ser suyas por naturaleza.

El trabajar con personas difíciles es todo un reto, pero no es imposible. "Existe una diferencia entre la complejidad de trabajar con gente y trabajar con gente difícil", dice el gurú de administración, Peter Drucker. Todos sabemos quién es la gente difícil, y si nos dan a escoger, la mayoría elige juntarse con otra persona. Este tipo de personas se encuentran en el trabajo, en la iglesia, en el club, en el vecindario y a veces incluso en la propia casa.

En su libro, Lidiando con personas difíciles (Coping with Difficult People), Robert Bramson identifica algunos tipos de personas difíciles.

- Los quejumbrosos son aquellos que rezongan, refunfuñan y se quejan, pero nunca tienen una solución o un plan para resolver el problema.
- Hay lo que son hostiles-agresivos que intimidan y oprimen a otros haciendo comentarios degradantes o rabietas cuando no se salen con la suya.
- Los súper-dispuestos son sinceros en la presencia de otros, pero no cumplen con sus compromisos o responsabilidades. En el peor de los casos, se comportan de manera opuesta a sus verdaderas intenciones.
- Las personas negativas ven fracasos e imposibilidades a su alrededor. Tiene la habilidad asombrosa de matar el optimismo y la esperanza. A estos se les denomina "aguafiestas".
- Los silenciosos e indiferentes merodean solo esperando para contestar a tu pregunta con un gruñido o una respuesta monosilábica.
- Finalmente, están los expertos "sabe-lo-todo". Pretenden ser superiores y quieren que otros reconozcan que tienen todo el conocimiento acerca de las cosas y que están dispuestos a compartirlo contigo en cada oportunidad. Tales personas son condescendientes, imponentes o pretenciosas y

muchas veces quieren sobajar a otros. Dicho sea de paso, por lo general no están en lo cierto o están mal informados.

Los Tres Grandes

¿Qué hace que una persona que generalmente era agradable se vuelva difícil? Como resultado de muchos años en el ministerio pastoral, he identificado tres causas fundamentales de una persona difícil.

Egocentrismo

Las personas que piensan que el mundo gira alrededor de ellos y sus necesidades tienen problemas en poner a los otros como prioridad antes que a sí mismos. Esta auto-orientación puede expresarse por medio de la codicia, el deseo de salirse con la suya, o el no poder reconocer sus errores. Por motivos desconocidos, estas personas nunca maduran. Hay una marcada falta de madurez en su personalidad.

Heridas pasadas

Las personas heridas hieren a otras personas. Son personas difíciles porque la herida que experimentaron nunca se ha resuelto. La herida se expresa mediante una ira profunda, amargura continua y desconfianza hacia otros, especialmente hacia los que están en alguna posición de autoridad. Por fuera vemos a personas gruñonas y cascarrabias que esconden múltiples heridas en su interior. Estas personas han adoptado un estilo de vida siendo difíciles como una forma para esconder su dolor y evitar ser lastimados otra vez.

Conducta Aprendida

Las personas que crecen en un hogar donde el estilo de vida conflictiva es la norma tienden a reproducir tal comportamiento. Desde temprana edad aprenden a resolver los problemas de la vida por medio del pleito. Esta conducta se expresa mediante la pelea verbal o física. Lo bueno de esto es que las personas pueden aprender una nueva manera de vivir.

Tratando Con Una Persona Difícil

El mundo de negocios tiene una innumerable cantidad de libros que sugieren una infinidad de maneras para tratar a las personas difíciles. Algunas soluciones son buenas, mientras que otras son dudosas o difíciles de aplicar. Jesús expuso un plan sencillo para tratar con la gente difícil. Aunque que es sencillo, no necesariamente es fácil. Lucas escribió este plan en su evangelio.

Pero a ustedes que me escuchan les digo:
Amen a sus enemigos, hagan bien a quienes los odian,
bendigan a quienes los maldicen,
oren por quienes los maltratan. (Lucas 6:27, 28).

Jesús estableció cuatro claves para trabajar con personas difíciles. Comenzó con amarlos, añadió hacerles bien, continuó por bendecirlos y terminó con orar por ellos.

Miremos brevemente cada clave:

Ama A La Persona Difícil En Tu Vida

La mayoría de la gente está lista para hacer todo lo posible para protegerse a sí misma de las personas difíciles. Muchos tienen adoptar una actitud al estilo "Jimmy Cagney", donde el mensaje para las personas difíciles es: "Rata sucia, no debiste haber hecho esto". La manera en que Dios actúa constantemente es al contrario. Ya sea mediante una actitud, acción, palabra u oración, la persona difícil debe ser amada.

Haz El Bien A La Persona Difícil En Tu Vida

El hacer el bien va más allá de sólo palabras: se deben tomar acciones. Tus acciones deben producir un beneficio positivo para ellos.

Bendice A La Persona Difícil

Esto trasciende todos tus instintos naturales y requiere que invoques una bendición, ya sea por medio del pensamiento o de palabras dichas. ¿Estás hablando amablemente, con un mensaje y una afirmación positiva?

Ora Por La Persona Difícil

No, no una oración pidiendo que caiga fuego y azufre sobre ellos, sino una oración que se enfoque en su éxito, bienestar y reconciliación. La importancia de la oración no se puede minimizar. Es la oración lo que prevendrá que tu corazón se amargue y se endurezca. Esto es importante porque tu corazón determina el curso de tu vida. "Sobre todas las cosas cuida tu corazón, porque este determina el rumbo de tu vida (Proverbios 4:23 NTV). Es la oración lo que te protegerá y te cambiará tanto, sino más, que a la persona difícil.

Hay tres personas involucradas en el trato con la persona difícil: tú, la persona difícil y Dios. Es importante mantener los roles de una manera sencilla y clara.

EL ROL DE LA	EL ROL DE DIOS ES:	EL ROL DE LA PERSONA DIFÍCIL ES:
SER BONDADOSO	CAMBIAR LAS MENTES	RECIBIR O RECHAZAR LA BONDAD
INTERACTUAR AMABLEMENTE	TRAER CONVICCIÓN	ELEGIR LA ACTITUD
NO SER RENCOROSO	CAMBIAR EL CORAZÓN	ACEPTAR EL CAMBIO
1ª COR. 4:21; 2ª COR. 10:1; GAL. 6:1, EF. 4:2, COL. 3:12, 1ª TIM. 6:11; TITO 3:2	MAT. 4:17; HECHOS 3:19; 2ª COR. 7:9-10; 2ª PEDRO 3:9	

Armas Espirituales

Hay una batalla que se disputa las almas de los hombres y mujeres. Cada relación en tu vida tiene una zona de combate. Comprende que la batalla no es una batalla física sino es espiritual. Cuando hay una persona difícil en tu vida, recuerda que ella no es tu enemiga. Las personas difíciles son víctimas del enemigo (ver 2ª Timoteo 2:25, 26). El enemigo de sus almas ha tomado ventaja sobre la herida, desilusión, o experiencia dolorosa de su pasado, de la cual nosotros por lo general no sabemos nada. Teniéndolo en mente se vuelve más fácil responderles con sensatez en vez de reaccionar por instinto.

Dado que esto es una batalla espiritual, las armas que usemos deberán ser también de naturaleza espiritual. La Palabra de Dios nos presenta una variedad de armas que debemos emplear para luchar contra nuestro verdadero enemigo. "Las armas con que luchamos no son del mundo, sino que tienen el poder divino para derribar fortalezas". (2ª Corintios 10:4).

Pablo enumera algunas de estas armas cuando describe la armadura de Dios (Efesios 6:10-18). Junto a ellas, la Biblia señala varias armas adicionales: el nombre de Jesús, la sangre de Jesús, la palabra de tu testimonio (Apocalipsis 12:11), y una respuesta amable (Proverbios 15:1). El libro de Proverbios establece el poder de las palabras elegidas sabiamente como "una lengua amable puede romper un hueso". Las palabras elegidas cuidadosamente son un arma poderosa que puede quebrantar la más dura resistencia.

Auto-control

¡Controla tu lengua! Cuando te encuentras en medio de un conflicto y estás tratando con una persona difícil, es tentador destruir a tu adversario con las palabras. La Biblia nos enseña que debemos bendecir y no maldecir a nuestros enemigos. Es importante que no empeores la situación al perder el control de tu lengua.

La lengua es más mortal que cualquier otra de las armas que poseemos, y también es el arma más difícil de controlar. Aprendemos esta verdad de Santiago, el hermano de Jesús, cuando escribió:

Así también la lengua es un miembro muy pequeño del cuerpo, pero hace alarde de grandes hazañas. ¡Imagínense qué gran bosque se incendia con tan pequeña chispa! También la lengua es un fuego, un mundo de maldad. Siendo uno de nuestros órganos, contamina todo el cuerpo y, encendida por el infierno, prende a su vez fuego a todo el curso de la vida.

El ser humano sabe domar y, en efecto, ha domado toda clase de fieras, de aves, de reptiles y de bestias marinas, pero nadie puede domar la lengua. Es un mal irrefrenable, lleno de veneno mortal.

Con la lengua bendecimos a nuestro Señor y Padre, y con ella maldecimos a las personas, creadas a imagen de Dios. De una misma boca salen bendición y maldición. Hermanos míos, esto no debe ser así. (Santiago 3:5-10).

La persona difícil parece saber cuáles botones apretar para obtener una respuesta negativa. Hay una cierta satisfacción que ellos consiguen cuando tienen éxito en hacer que los otros reaccionen mal. El aprender a responder silenciosamente, o con palabras positivas, no solo ayuda a evitar que la tensión se intensifique, sino que a menudo le quita mucho viento emocional a su velero. El responder sensatamente en vez de reaccionar por instinto ayuda a calmar la situación y te permite encontrar la mejor oportunidad posible para obtener una respuesta positiva, lo cual permite que todos avancen.

Consejo Piadoso

Busca consejeros piadosos. En Eclesiastés dice: "Más valen dos que uno, porque obtienen más fruto de su esfuerzo. Si caen, uno levanta al otro. ¡Ay del que cae y no tiene quien lo levante!". (Eclesiastés 4:9, 10).

Cuando consideramos buscar consejeros piadosos puede que sea fácil pensar: "Voy a encontrar a alguien que me ayude a resolver cómo tratar contigo porque eres demasiado difícil". Este proceso mental hace que se pierda el meollo de la situación. Aunque necesites de un consejo sabio para saber cómo tratar con un individuo particularmente difícil en tu vida puede ser que también necesites a un consejero piadoso porque quizá tengas algunos puntos ciegos. Necesitas un par de ojos ajenos para ayudarte ver lo que estás perdiendo de vista. Con la opinión de un consejero piadoso puedes ajustar tu actitud y tus acciones para influenciar positivamente a la situación difícil.

Solemos pensar que sabemos cómo hacer todo correctamente o de la mejor manera posible. Seamos sinceros, es fácil perder de vista cómo nuestras acciones pueden impactar negativamente a una persona difícil. Es por esto que todos necesitamos de un amigo verdadero, o dos, en el puesto de vigilancia para que nos ayuden a navegar entre los arrecifes escondidos y las aguas poco profundas de nuestro pensamiento y nuestra falta de perspectiva.

Haz Lo Correcto

Al tratar con una persona difícil no siempre es sencillo seguir siendo amables. Tú y yo necesitamos aprender a hacer lo correcto, aun cuando la persona difícil haga que las cosas sean más complicadas.

Pedro anima a sus lectores mediante estas líneas:

Mantengan entre los incrédulos una conducta tan ejemplar que, aunque los acusen de hacer el mal, ellos observen las buenas obras de ustedes y glorifiquen a Dios en el día de la salvación.

Sométanse por causa del Señor a toda autoridad humana, ya sea al rey como suprema autoridad, o a los gobernadores que él envía para castigar a los que hacen el mal y reconocer a los que hacen el bien. Porque ésta es la voluntad de Dios: que, practicando el bien, hagan callar la ignorancia de l os insensatos. (1ª Pedro 2:12-15).

Pablo nos alentó a hacer el bien cuando dijo: "No te dejes vencer por el mal; al contrario, vence el mal con el bien". (Romanos 12:21). La palabra bien en griego es vista como algo útil o beneficioso, y es una palabra elegida para describir la bondad moral. Sencillamente, significa hacer el bien. No se trata de ser perfecto; se trata de tomar acciones para hacer el bien. Pablo exhortó a los creyentes a vencer el mal con buenas acciones, no solo usando palabras amables o bien intencionadas.

Decidir hacer el bien tiene un impacto poderoso sobre el futuro de nuestro bienestar espiritual, así como en el bienestar de los otros. Una de las herramientas didácticas más poderosas es lo que se conoce como un ejemplo viviente. Recuerda que hay nuevos cristianos observándote y están aprendiendo a ser seguidores de Cristo. Cuando dejas de hacer el bien, ellos aprenden equivocadamente que los seguidores de Cristo no necesitan hacer el bien. Es importante hacer el bien, pues hay otros que te están observando y aprendiendo de ti sobre cómo vivir la vida cristiana.

Reconoce Tus Limitaciones

Pablo enseñó que, en algunos casos, el mantener la paz está más allá de nuestras habilidades. "Si es posible, y en cuanto dependa de ustedes, vivan en paz con todos" (Romanos 12:18). Debes trabajar por tener tanta paz como te sea posible. Un nivel de armonía y acuerdos puede lograrse cuando menos algunas veces. Nunca debes darte por vencido, mientras que haya la esperanza de lograr algo de paz. Tu meta es alcanzar la paz en la medida de lo posible.

Algunas personas son problemáticas: refunfuñonas, quejumbrosas, inconformes, peleoneras, egoístas, líderes egocéntricos, buscadoras de buena reputación, sedientas de poder y sin consideraciones para con los otros. Algunas personas no se interesan en absoluto por mantener la paz contigo sin importar lo que hagas o digas.

Aún en aquellas situaciones donde la paz parezca imposible,

de cualquier manera se requiere que hagas tu parte, "...en cuanto dependa de ti..." (Romanos 12:18). Examina qué es lo que te motiva y elimina cualquier intención egoísta. En verdad pregúntate qué es lo que realmente quieres de esta persona y para ella. Comprende bien que aun cuando tú estés genuinamente motivado para buscar lo mejor para la relación, habrá situaciones en las que las habilidades para resolver el conflicto no serán suficientes. Incluso Jesús no pudo complacer a todos. (Lee Mateo 9:33, 34; 11:17; 23:37).

Permíteme ejemplificarlo con una experiencia propia:

Sally y su familia desaparecieron de los servicios de la iglesia. Mi esposa y yo nos pusimos en contacto con ella para ver si había algún problema en específico o si, sencillamente, su vida se había vuelto insoportable. Después de algunos minutos de una pequeña conversación, nuestra plática cambió de rumbo.

Bill: Te he extrañado en la iglesia las últimas semanas.

Sally: Sí, es cierto, no hemos asistido.

Bill: Estoy preocupado y he estado pensando en el por qué. ¿Hay algún problema?

Sally: Bueno, es que tú no visitaste a nuestro hijo cuando estaba en el hospital.

Bill: Lamento que haya estado en el hospital. ¿Cómo está?
Sally: Ya está bien.

Bill: No supe que tu hijo había estado en el hospital. ¿Me dijiste que tu hijo estaba en el hospital y de alguna manera lo pasé por alto?

Sally: No, estuve muy ocupada cuidándolo.

Bill: Y, ¿le pediste a alguien que me dijera que tu hijo estaba en el hospital?

Sally: No.

Bill: Lamento no haberme enterado de que tu hijo estuvo en el hospital sino hasta después de que salió. ¿Mi disculpa hace alguna diferencia en cómo te sientes al respecto?

Sally: No.

Y nunca regresaron. Hay circunstancias en las que no puedes hacer nada para motivar a los otros a resolver las heridas del pasado. Tienes que seguir adelante sabiendo que has hecho todo lo posible.

El Arma Suprema

El arma suprema es el Amor. Pablo conocía este secreto y escribió:

> *Antes bien, "Si tu enemigo tiene hambre, dale de comer; si tiene sed, dale de beber. Actuando así, harás que se avergüence de su conducta".*
> *No te dejes vencer por el mal; al contrario, vence el mal con el bien. (Romanos 12:20, 21).*

He creado una teología única acerca de las personas difíciles. La llamo "La Teología del Pastel de Chocolate". Cuando haya una persona difícil en tu vida, busca los mejores ingredientes para preparar pastel de chocolate. Resiste la tentación de comprar las marcas baratas. Cocina el pastel y decóralo con la mejor cobertura de chocolate disponible. Agrégale chispas para decorarlo. Llévale el pastel a la persona difícil y dile: "Toma, te regalo esto". Es muy probable que te responda con algo como: "¿Por qué?". Tú contéstale: "Por ninguna razón en especial. Solo quiero bendecirte".

El amor es el arma más poderosa que hay en todo el universo. No hay nada que se le oponga. ¿Cómo sé que el amor es tan poderoso? Lo sé porque el amor fue lo que te ganó hacia Dios. Dios no te amenazó para que te relacionaras con Él. Él te amó para entablar esa relación. Fue el amor de Dios lo que ganó tu corazón, no el miedo ni el temor de Dios.

Cuando haya una persona difícil en tu vida, amala. Haz un pastel de chocolate y regálaselo. Si no les gusta el chocolate, investiga lo que le gusta y úsalo como un medio para expresar el amor de Dios. No pongas condiciones ni esperes algo a cambio. Dios no le puso condiciones a su amor por ti. El amor solamente ama. Así que ve y ama a aquella persona difícil y abre una puerta para que Dios ablande su corazón.

Mi amigo David es un gran ejemplo de cómo usar la Teología del Pastel de Chocolate. David asistía de vez en cuando a nuestra iglesia durante el tiempo en que la congregación se dividió. El domingo por la tarde, después de la reunión pública donde explicamos la situación y el porqué de las acciones que tomamos, recibí un correo electrónico de David. Cuando lo leí me quedé sorprendió por lo que decía. Él estaba de acuerdo con los que se separaron de la iglesia, y debido a que la furia consumió sus emociones, no pudo escribir una nota coherente. Habíamos sido buenos amigos, por lo que me sorprendió su reacción explosiva. La gramática, la ortografía y cada parte de ese mensaje gritaban furia y lanzaban veneno. Yo he guardado muy pocas cartas de odio, pero esta debía guardarse a manera de recordatorio para demostrar cómo la ira puede tomar el control y destruir las relaciones.

En el momento del conflicto, David estaba empezando un negocio de servicios que dependía de las recomendaciones personales. Mi familia y yo decidimos continuar recomendándolo con la gente que necesitaba esa clase de servicios. Los nuevos clientes le decían a David que su pastor, o que la familia de su pastor, lo había recomendado.

David trabajaba para mi mamá de vez en cuando y llegó a manifestar su agradecimiento por los contratos que llegaba a obtener por medio de nuestras recomendaciones. Continuamos mandándole clientes y él lo sabía. Un día me lo encontré en la ferretería. Yo no sabía cuál iba ser su reacción, y de pronto, David me dio un abrazo fuerte y se portó como si fuera un viejo amigo a quien no veía desde hacía muchos años. Estoy convencido de que el continuar recomendándolo a la gente fue una bendición que sanó la herida causada por el conflicto en la iglesia. **El amor es el arma espiritual más poderosa en tu arsenal. Ve y ama a esa persona difícil que hay en tu vida.**

Antes de guardar este libro y darlo por terminado, tómate unos momentos para pensar en la persona difícil que existe en tu vida. ¿Qué cambios puedes hacer para ganártela y crear una relación positiva? Contesta las siguientes preguntas para establecer un plan de acción claro.

Cuando te relacionas con personas difíciles

1. Describe a la persona difícil que hay en tu vida.

_____

_____

_____

_____

_____

2. ¿Qué heridas, desilusiones o tragedias crees que puedan estar causando su dolor? No te apresures al hacer esta evaluación.

_____

_____

_____

_____

_____

3. Mira hacia atrás para descubrir cómo has tratado a esa persona y enumera los errores que tú has cometido al relacionarte con ella.

_____

_____

_____

_____

4. Enumera las armas espirituales que podrías usar y piensa cómo las usarías. Sé generoso en tus descripciones.

_____

_____

_____

_____

_____

5. Elabora un plan escrito que especifique lo que vas a hacer, cómo lo vas a hacer y cuándo la iniciarás. Incluye cada una de las armas enumeradas en el punto cuatro.

_____

_____

_____

_____

6. Le voy a pedir a _____ que me haga responsable de llevar a cabo este compromiso. Le voy a decir el día _____ (fecha).

EPÍLOGO

El sonido del teléfono interrumpe mi pensamiento al estar trabajando en este libro. ¿Contesto o dejo que conteste la máquina? Porque no me gusta tener que regresar llamadas, contesto el teléfono. Después de un breve saludo, quien llama me dice la razón por su llamada. "Pastor, ¿podemos vernos? Necesita hablar con usted y no lo quiero hacer por teléfono". Inmediatamente sé estoy tratando con una persona herida, y yo soy quien ha hecho el daño.

Más tarde esa semana, me encontré con Paul para tomar café. Paul y su esposa se habían ido de la iglesia hacía ya cuatro años. Su razón era justificada: se habían mudado y estaban a cuarentaicinco minutos de retirados de la iglesia y habían encontrado una buena iglesia cerca. Hoy nos estamos reuniendo para resolver heridas que ocurrieron durante esa transición.

"Pastor, quiero comenzar diciéndolo cuánto crecí bajo su ministerio. Valoramos nuestro tiempo que estuvimos en su iglesia. Crecimos espiritualmente y disfrutamos ser líderes de nuestro grupo que se reunía en nuestro hogar". Paul continuó elogiándome a mí y mi liderazgo. Yo aprecié sus palabras amables, sabiendo que era sincero. Sin embargo, sabía que había otro asunto que Paul quería tratar.

"Pastor, cuando nosotros dejamos la iglesia, tuvimos una reunión con usted y su esposa. En dicha reunión fuimos seriamente ofendidos por su respuesta". Paul y yo pasamos los próximos minutos estudiando y sanando el pasado. Fue una reunión de interacción honesta, arrepentimiento sincero y perdón.

Mientras manejaba mi auto a casa y pensaba sobre lo ocurrido, me impactó la agonía que Paul y su esposa sufrieron sin necesidad. Me consterné por las innumerables horas de dolor que experimentaron solo porque no trataron las circunstancias inmediatamente.

Los detalles de la reunión no vienen al caso en cuanto a mi propósito de esto. Lo que sí importa es la declaración que hizo Paul mientras me decía de su experiencia desde que salió de la iglesia. "Pastor, no sé qué tantas horas pasamos platicando acerca de esto. Ha salido a relucir cuando vamos en camino a lugares y nos preguntas qué habríamos hecho que estuvo tan mal. Ha continuado siendo molesto para mi esposa y yo. Es por esto que necesito hablar con usted ya".

Regresé a mi oficina con una renovada convicción: resuelve tus heridas antes que malluguen tu espíritu.

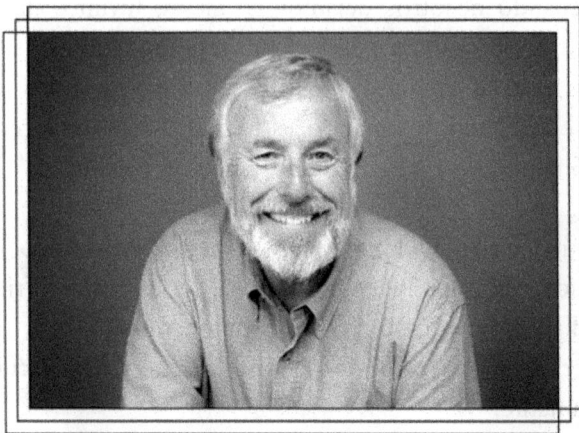

BILL GRAYBILL, DMIN, CPCC

Por más de treinta años, el Dr. Bill Graybill ha dado consejo, ha sido mentor y dado instrucción a hombres y mujeres de todos los trasfondos para lograr su más grande potencial—espiritual, emocional—en todas las áreas de sus vidas.

Bill tiene tres títulos, incluyendo un maestría en letras (MA) en Educación cristiana y un doctorado ministerial (DMin) de Northwest Graduate School of Ministry en Redmond, Washington, donde hizo su especialidad en liderazgo y manejo de conflicto. Bill es un coordinador titulado sobre el manejo de la ira (CAMF), un analista de comportamiento profesional (CPBA) y un analista de valores (VPVA). Además, completó el programa de adiestramiento en arbitraje, patrocinado por Peacemaker Ministries.

Como profesor adjunto de Global University, Bill enseña sobre el manejo del conflicto intercultural en seminarios en iglesias a nivel de posgrado. Es un Instructor Cristiano Profesional Titulado con Christian Coaches Network (CCN). "Hablando de diversión en serio, escalo", dice Bill, quien disfruta apuntarse para un alpinismo vigoroso. "El escalar me ha enseñado la necesidad de enfoque intenso, análisis crítico y la valentía de dar el siguiente paso. Lo que es cierto en el alpinismo es verdad en la vida. Puedes pasar al siguiente nivel, pero es de bastante ayuda cuando tienes a un instructor que conoce el camino".

Bill y su esposa, Dorothy, viven en Albany, Oregon, con Buddy, el cobrador dorado. Tienen dos hijos que están casados, Dan y Mark. Bill fue pastor en Abundant Life Center desde 1978 y también es presidente en la mesa de Youth Connect, una organización no lucrativa que provee programas después de clases para alumnos de primaria y segundaria.

ACERCA DE BILL GRAYBILL COACHING, LLC

La visión estratégica
Sirvo a la comunidad cristiana estableciendo líderes quienes usen las destrezas de Resolver redentoramente el conflicto.

Declaración de objetivos fundamentales
Promuevo la creación de ambientes donde la gente se desarrolla. Nos hacemos compañeros para establecer mejores relaciones en los grupos e incrementar las destrezas de liderazgo mientras resolvemos asuntos de conflicto y enojo.

Mi lista de tareas
Toda persona tiene el derecho a tener agua limpia. Mi meta es financiar diez o más pozos de agua limpia en el continente de África. Por cada dólar que entra a Bill Graybill Coaching, LLC, una porción va para perforar un pozo que tanto se necesita.

Valores:
La Integridad es el fundamento de todas las relaciones.
Las Relaciones nos dan el más grande gozo y propósito en esta vida.
El Ánimo da vitalidad a la relación.
La Fiabilidad establece confianza, seguridad e integridad.
El Empoderar a otros crea mi más grande éxito.
Un Impacto Positivo es mi contribución a la sociedad.

¿Listo para seguir adelante?
Por leer este libro, has comenzado el camino hacia la Resolución Redentora del ConflictoTM. Si estás comprometido a implementar RCR (por sus siglas en inglés) en tu vida, hogar, iglesia o carrera y estás listo para seguir hacia adelante, estos son los pasos siguientes.

- Apúntate para recibir mi carta circular electrónica donde comparto consejos valiosos e instrucción práctica en relación a destrezas de

liderazgo, Resolución Redentora del ConflictoTM y manejo de la ira.
- Mira los recursos disponibles en www.billgraybill.com.
- Piensa en una experiencia individual o en grupo para principiar tu transformación que hará cambio positivo en el ambiente que te rodea.
- Comunícate conmigo para una sesión de 30 minutos para ver cómo podemos unirnos para crear un ambiente redentor en tus esferas de influencia.

Programas y servicios disponibles
Instrucción: Individual o en grupo
Adiestramiento: Clases, seminarios y retiros Conferencias

Temas Generales
- Resolución Redentora de Conflicto
- Manejo de la ira
- Creando ambientes donde los voluntarios y equipos crecen
- Cambios y transiciones
- Estableciendo relaciones
- Liderazgo y estableciendo visión
- Vida balanceada y manejo de tensión

Ve a www.billgraybill.com para detalles completos y actualizaciones.

Quiero saber de ti
Al autor le gustaría ¡saber qué piensas acerca de este libro! Si tienes una historia acerca de cómo te ayudó en manejar el conflicto e ira o tienes cualquier comentario o sugerencias acerca del contenido de este libro, por favor toma el tiempo para escribirlo y enviarlo a:

Dr. Bill Graybill
34510 Mountain View Pl. NE
Albany, OR 97322
bill@billgraybill.com

Para pedir ejemplares adicionales ve a www.resolveconflictgodsway.com o comunícate con la autor.

Bill Graybill sólo habla inglés